Was versteht man unter dem Begriff einer Gesellschaft?

Der Begriff wird in zweierlei Weise verwendet:

- **Weiter Begriff:** Unter dem Begriff Gesellschaft im weiteren Sinne versteht man Personengesellschaften (insb. GbR, OHG, KG, stille Gesellschaft, Partnerschaft), Vereine i. S. v. §§ 21 ff. BGB als „Grundform“ der Kapitalgesellschaften und Kapitalgesellschaften (insb. AG, KGaA, GmbH, Genossenschaften).
- **Enger Begriff:** Gemeint sind Personengesellschaften, insb. die GbR (§§ 705 ff. BGB), die OHG (§§ 105 ff. HGB) und die KG (§§ 161 ff. HGB).

Was sind die wichtigsten Gesellschaftsformen?

Gesellschaft i.w.S.

- **Personengesellschaften**
  - GbR
  - OHG
  - KG
  - Stille Gesellschaft
  - Partnerschaft
- **Körperschaften**
  - **Vereine**
    - Eingetragener Verein
    - Wirtschaftsverein
    - Nichtrechtsfähiger Verein
  - **Kapitalgesellschaften**
    - GmbH
    - AG
    - KGaA
  - **Genossenschaften**
    - eing. Genossenschaft

Was ist der grundlegende Unterschied zwischen Personen- und Kapitalgesellschaften?

Typisch für Vereine und Kapitalgesellschaften ist, dass sie vom Bestand ihrer konkreten Mitglieder unabhängig sind. Die Mitglieder können ohne Weiteres wechseln, d. h. ein- oder austreten, ohne dass dies Auswirkungen auf den Verein hat (vgl. z. B. § 39 BGB). Die Personengesellschaften sind hingegen grds. von ihren Gesellschaftern abhängig (vgl. §§ 723, 727, 736 BGB). Wenn ein Gesellschafter die Gesellschaft kündigt oder stirbt, wird sie grds. aufgelöst.

Was versteht man im Zusammenhang unter Selbstorganschaft und Fremdorganschaft?

Personengesellschaften sind – im Unterschied zu Vereinen und Kapitalgesellschaften – mehr auf ihre Gesellschafter zugeschnitten. Aus diesem Grund sind Geschäftsführung (§ 709 BGB) und Vertretung (§ 714 BGB) nach dem Prinzip der Selbstorganschaft grundsätzlich ihren Gesellschaftern vorbehalten. Demgegenüber sind Geschäftsführung und Vertretung bei Kapitalgesellschaften losgelöst von der Stellung als Gesellschafter und können auch von Personen wahrgenommen werden, die keine Gesellschafter sind.

Wieso bedarf es besonderer Regelungen darüber, wer für Vereine bzw. Kapitalgesellschaften handelt?

Vereine und Kapitalgesellschaften sind von ihrem Mitgliederbestand grds. unabhängig. Aus diesem Grunde bedarf es besonderer Regelungen, wer für diese handelt. Bestimmte Handelnde bzw. Organe müssen allerdings stets vorhanden sein. Dies ist bei einem Verein der Vorstand (§§ 26 ff. BGB) und die Mitgliederversammlung (§§ 32 ff. BGB).

Was versteht man unter dem Numerus clausus der Gesellschaftsformen?

Eine Gesellschaft ist grds. ein Zusammenschluss von mehreren Personen, der einem bestimmten Zweck dient. Im Bereich der Kapitalgesellschaften sind auch Gesellschaften mit nur einem Gesellschafter möglich. Dabei können die Gesellschafter nur aus den Gesellschaftsformen wählen, die der Gesetzgeber zur Verfügung gestellt hat. Es besteht also ein Numerus clausus.

Verstößt eine GmbH & Co. KG nicht gegen den Numerus clausus der Gesellschaftsformen?

Eine GmbH & Co. KG wird oft als Mischung aus Personen- und Kapitalgesellschaft bezeichnet. Dies ist jedoch nicht zutreffend. Eine GmbH & Co. KG ist eine „normale“ Kommanditgesellschaft i. S. v. §§ 161 ff. HGB. Die Besonderheit besteht darin, dass der persönlich haftende Gesellschafter (Komplementär) der KG eine GmbH ist. Die Haftung dieser Komplementärin ist zwar unbeschränkt, jedoch ist ein Durchgriff auf die Gesellschafter der GmbH nicht möglich (§ 13 Abs. 2 GmbHG). Deshalb wird der besondere Komplementär in der Firma durch den Zusatz GmbH & Co. KG kenntlich gemacht.

Was sind die Grundformen der Personen- und Kapitalgesellschaft?

Die Grundform der Personengesellschaft ist die GbR (Gesellschaft bürgerlichen Rechts) oder BGB-Gesellschaft (§§ 705 - 740 BGB). Gibt es eine spezielle Regelung, gelten die gesetzlichen Bestimmungen über die GbR subsidiär für die Personenhandelsgesellschaften OHG (§§ 105 Abs. 3 HGB) und KG (161 Abs. 2 HGB).

Grundform der Kapitalgesellschaften (sog. Vereine des Handelsrechts, vgl. § 6 Abs. 2 HGB) ist der eingetragene Verein i. S. v. §§ 21 ff. BGB. Wenn keine besonderen Regeln bestehen, kommen die Bestimmungen über den Verein zum Tragen.

Was sind die wichtigsten Strukturmerkmale von Personen- und Kapitalgesellschaften im Vergleich?

- Personengesellschaften
  - Grundsätzlich vom Bestand der Mitglieder abhängig
  - Regelmäßig keine wechselnden Mitglieder (Achtung: Oft Sonderregelungen im Gesellschaftsvertrag)
  - Grundsätzlich volle und persönliche Haftung (Ausnahme für Kommanditisten einer KG)
- Vereine im weiteren Sinne, insb. Kapitalgesellschaften
  - Körperschaftliche Struktur (Organe handeln für die Körperschaft)
  - Mitglieder- bzw. Gesellschafterwechsel i. d. R. ohne weiteres möglich (auch hier Sonderregelungen denkbar, z. B. sog. Vinkulierung)
  - Haftung grds. nur auf das Vereins- bzw. Gesellschaftsvermögen beschränkt; Ausnahmen sind nur in bestimmten Sonderkonstellationen anerkannt.

Was ist der wichtigste Unterschied zwischen Personen- und Kapitalgesellschaften?

Kapitalgesellschaften (bzw. Vereine im weiteren Sinne) haften grundsätzlich nur mit ihrem Gesellschaftsvermögen. Demgegenüber gibt es bei Personengesellschaften immer jedenfalls einen Gesellschafter, der unbeschränkt haftet. Eine Ausnahme sind die Kommanditisten bei der KG (§ 171 HGB).

Welchen Formvorschriften unterliegt ein Gesellschaftsvertrag?

Die formalen Anforderungen eines Gesellschaftsvertrags unterscheiden sich nach der Art der Gesellschaft:

- **Personengesellschaft:** Der Gesellschaftsvertrag unterliegt keinem Formerfordernis, d. h. er kann auch konkludent (durch schlüssiges Handeln) abgeschlossen werden. Die Gesellschafter müssen sich nicht bewusst sein, dass sie durch ihr Handeln gerade eine Gesellschaft errichten (z. B. Fahrgemeinschaft als ein Fall der BGB-Gesellschaft).
- **Kapitalgesellschaft:** Bei Kapitalgesellschaften bedarf der Gesellschaftsvertrag notarieller Form (z. B. § 2 GmbHG). Im Interesse des – angesichts der Haftungsbeschränkung auf das Gesellschaftsvermögen besonders schutzbedürftigen – Rechtsverkehrs soll durch eine notarielle Kontrolle Klarheit über die Grundlagen der GmbH herrschen.

Was ist die Besonderheit bei einer Stiftung?

Eine Stiftung i. S. v. §§ 80 ff. BGB ist eine verselbstständigte Vermögensmasse ohne Mitglieder und Gesellschafter. Mit dem Vermögen verfolgt sie ihren Zweck. Sie entsteht durch eine Stiftungserklärung des Stifters. Dementsprechend gibt es auch keinen Gesellschaftsvertrag, sondern eine einseitige Vermögenswidmung des Stifters. Diese bedarf der Anerkennung der zuständigen Stiftungsbehörde.

Welche Komponenten hat ein Gesellschaftsvertrag?

Ein Gesellschaftsvertrag hat ein schuldrechtliches und ein organisationsrechtliches Element. In schuldrechtlicher Hinsicht regelt er die Pflichten der Gesellschafter untereinander. In organisationsrechtlicher Hinsicht regelt er die Struktur der Gesellschaft. Ein Gesellschaftsvertrag wird nach den allgemeinen Regeln (§§ 133, 157 BGB) nach dem objektiven Empfängerhorizont ausgelegt.

Welche Mindestelemente sind für eine Gesellschaftsgründung erforderlich?

Im Rahmen einer Gesellschaftsgründung schließen sich (i. d. R.) mehrere Gesellschafter zur dauerhaften Verfolgung eines gemeinsamen Zwecks zusammen und verpflichten sich, hierzu Beiträge zu liefern.

Welche Anforderungen werden an den gemeinsamen Zweck gestellt?

Der Zweck einer Gesellschaft kann alles sein, was nicht verboten ist. Wichtig ist jedoch, dass die Gesellschafter einen gemeinsamen Zweck verfolgen. Diese Anforderung ist nicht erfüllt, wenn jeder seinen eigenen Zweck verfolgt.

Fall: Die Bauern A und B tun sich zusammen, um gemeinsam einen Mähdrescher zu erwerben. Sie wollen damit ihre eigenen Felder bestellen und ihn auch an andere Bauern vermieten. A und B regeln detailliert, wie der Gewinn verteilt wird.

Abwandlung: Die Bauern A und B wollen den Mähdrescher nicht vermieten, sondern ihn lediglich abwechselnd benutzen.

Im Ausgangsfall verfolgen die Bauern einen gemeinsamen Zweck, denn beide wollen den Mähdrescher durch die Vermietung gemeinsam benutzen und den Gewinn teilen. In der Abwandlung liegt demgegenüber kein gemeinsamer Zweck vor. Jeder der Bauern nutzt den Mähdrescher nur für sich. Die Bauern sind damit Bruchteilseigentümer (§§ 1008 ff. BGB, § 741 ff. BGB). Für einen gemeinsamen Zweck ist erforderlich, dass dieser über das Interesse an der Anschaffung, Erhaltung oder Nutzung der Sache hinausgeht.

Was versteht man unter der Beitragspflicht der Gesellschafter?

Die Gesellschafter müssen den gemeinsamen Zweck fördern. Dies tun sie, indem sie die gemeinsamen Beiträge erbringen (§ 705 BGB). Der Beitrag kann in der Einlage von Geld oder Sachen liegen. Der Beitrag der Gesellschafter kann auch in der Leistung von Diensten bestehen.

Welche Arten von Vereinen gibt es?

Man unterscheidet zwischen

- Eingetragenem Verein
- Nicht-Eingetragenem Verein
- Wirtschaftlichem Verein
- Nicht-Wirtschaftlichem Verein (sog. Idealverein).

Was ist ein wirtschaftlicher Verein?

Ein wirtschaftlicher Verein ist ein Verein, dessen Zweck auf einen wirtschaftlichen Geschäftsbetrieb gerichtet ist (§ 22 Satz 1 BGB). Dieser erlangt die Rechtsfähigkeit nur aufgrund einer besonderen staatlichen Verleihung. Diese kommt nach dem sog. Subsidiaritätsgrundsatz nur ausnahmsweise in Betracht, sodass im Regelfall auf eine Kapitalgesellschaft zurückgegriffen werden muss (insb. GmbH oder AG). Bei dieser werden die Gläubiger bzw. Anleger besser geschützt, insb. wegen der Kapitalaufbringungs- und Kapitalerhaltungsvorschriften.

Was ist ein Idealverein?

nwb

Ein Idealverein ist ein Verein, der nicht auf einen wirtschaftlichen Geschäftsbetrieb gerichtet ist. Die meisten Vereine sind Idealvereine. Wenn die steuerlichen Voraussetzungen vorliegen, können sie als gemeinnützige Vereine steuerbefreit sein (§§ 51 ff. AO).

Wie viele Personen müssen für eine Vereinsgründung vorhanden sein?

Mindestens müssen sieben Mitglieder vorhanden sein (§ 56 BGB). Wenn im Anschluss die Mitgliederzahl unter sieben fällt, wird der Verein allerdings nicht zwangsweise aufgelöst sondern besteht fort.

Ist der eingetragene Verein eine juristische Person?

Ja. Der Verein erlangt Rechtsfähigkeit durch die Eintragung in das Vereinsregister des zuständigen Amtsgerichts (§ 21 BGB). Damit ist der Verein selbst Träger von Rechten und Pflichten. Hierzu ist ein entsprechender Antrag beim Amtsgericht (§ 59 BGB) in öffentlich beglaubigter Form notwendig (§§ 77, 129 BGB). Die Anmeldung muss also durch einen Notar beglaubigt werden.

Wieso hat der Gesetzgeber ein formales Verfahren vorgesehen, in welchem Vereine Rechtsfähigkeit erlangen?

Das Verfahren – insb. die staatliche Mitwirkung – ist vorgesehen, damit überprüft werden kann, ob der Verein die gesetzlichen Anforderungen erfüllt und keine Gläubigerschutzvorschriften umgangen werden. Hintergrund ist, dass nur der Verein selbst für seine Verbindlichkeiten haftet. Ein Rückgriff auf das Vermögen der Vereinsmitglieder ist nicht möglich.

Welche Organe hat ein Verein?

Ein Verein hat mindestens eine Mitgliederversammlung und einen Vorstand. Eine juristische Person kann als solche nicht selbst handeln. Sie braucht also Organe, die für sie handeln. Zwingend sieht das Gesetz Vorstand und Mitgliederversammlung vor. Daneben kann die Satzung weitere Organe vorsehen. Es kommt darauf an, was man im konkreten Falle für angemessen hält.

Welche Funktion hat der Vorstand eines Vereins?

Der Vorstand ist das Geschäftsführungs- und Vertretungsorgan des Vereins. Die Kompetenzen sollen im Einzelnen in der Satzung des Vereins festgelegt werden. Wenn nichts anderes bestimmt ist, bleibt es jedoch bei der Kompetenz der Mitgliederversammlung (§ 32 Abs. 1 BGB). Wenn der Vorstand aus mehreren Personen besteht, wird innerhalb des Vorstands grds. mit Mehrheit entschieden (§ 28 BGB).

Welche Funktionen hat die Mitgliederversammlung?

Die Mitgliederversammlung ist das Willensbildungsorgan des Vereins. Sie trifft alle Entscheidungen von grundlegender Bedeutung, insb. entscheidet sie über Satzungsänderungen (§ 33 BGB), die Bestellung bzw. Abberufung des Vorstands (§ 27 BGB) sowie über die Auflösung des Vereins (§ 41 BGB).

Im Regelfall trifft die Mitgliederversammlung ihre Entscheidungen durch Abstimmungen mit einfacher Mehrheit der erschienenen Mitglieder (§ 32 Abs. 1 Satz 3 BGB). Nur für besonders wichtige Entscheidungen müssen mit einer sog. qualifizierten Mehrheit getroffen werden. Dies ist z. B. bei Zweckänderungen der Fall. Für diese ist eine Mehrheit von ¾ aller – auch der nicht erschienenen – Mitglieder erforderlich (§ 33 Abs. 1 Satz 2 BGB).

Wer vertritt den Verein?

Da der Verein als juristische Person nicht handlungsfähig ist, benötigt er Organe. Der Vorstand vertritt als gesetzlicher Vertreter den Verein gerichtlich und außergerichtlich (§ 26 Abs. 1 Satz 2 BGB). Der Umfang der Vertretungsmacht kann durch die Satzung mit Wirkung gegen Dritte beschränkt werden. Die Vertretung ist nach den allgemeinen Regelungen des § 164 Abs. 1 BGB zu prüfen. Danach vertritt der Vorstand den Verein grds. nur dann, wenn er

- eine eigene Willenserklärung
- in fremdem Namen
- im Rahmen seiner Vertretungsmacht abgibt.

Besteht der Vorstand aus mehreren Personen, so wird der Verein durch die Mehrheit der Vorstandsmitglieder vertreten.

Wer ist für die Geschäftsführung des Vereins zuständig?

Der Vorstand ist ebenfalls für die Geschäftsführung zuständig (§ 27 Abs. 3 BGB). Die Geschäftsführung ist jedes auf die Förderung des Vereinszwecks gerichtete tatsächliche oder rechtliche Verhalten nach innen und nach außen. Externe Vertretungsakte sind damit stets auch interne Geschäftsführungsmaßnahmen. Umgekehrt gilt dies aber nicht.

Fall: V ist Alleinvorstand des Fußballvereins Sportfreunde Herne e. V. Er bestellt bei einem Sportgeschäft S in Herne 20 Fußbälle. S schickt eine Rechnung an V, die dieser nicht bezahlt. Kann S die Zahlung von den Sportfreunden Herne e. V. verlangen?

Dazu müsste ein Kaufvertrag zwischen S und den Sportfreunde Herne e. V. zustande gekommen sein. Dann folgt ein Zahlungsanspruch aus § 433 Abs. 2 BGB. Dies setzt zwei aufeinander bezogene Willenserklärungen (Angebot und Annahme) voraus (§§ 145, 147 BGB). Da die Sportfreunde Herne e. V. als juristische Person nicht selbst Willenserklärungen abgeben können, kommt es darauf an, ob sie durch V vertreten worden sind. Dies ist anhand von § 164 Abs. 1 BGB zu prüfen:

- V hat eine eigene Willenserklärung abgegeben; er hat nicht bloß eine fremde Willenserklärung transportiert.
- Er hat auch – mangels entgegenstehender Satzungsbestimmung – im Rahmen seiner Vertretungsmacht gehandelt.
- Er hat allerdings nicht in fremdem Namen gehandelt, denn er hat gegenüber S nicht offengelegt, für den Verein zu handeln.

Die Voraussetzungen des § 164 Abs. 1 BGB sind also nicht erfüllt. Der Verein wurde nicht verpflichtet. S kann lediglich von V Zahlung verlangen.

Wer haftet für Handlungen des Vereins?

Auch hier kommt es auf die Organe an, deren deliktische Handlungen dem Verein nach Maßgabe von § 31 BGB zugerechnet werden. Die Vorschrift wird auch bei allen anderen Gesellschaften (analog) angewandt, wenn sie körperschaftlich strukturiert sind. Daneben kommt eine persönliche Haftung der Vereinsmitglieder in Betracht.

Fall: Der Gehweg am Sportplatz der Sportfreunde Herne e. V. wird im Winter nicht gestreut. Fußgänger F rutscht aus und bricht sich ein Bein. Kann er Schadensersatz vom Verein verlangen?

Den Verein trifft eine sog. Verkehrssicherungspflicht. Hier hat der Verein bzw. der dafür verantwortliche Vorstand es unterlassen, den Weg zu streuen. Dem Verein wird das Handeln bzw. Unterlassen des Vorstands gem. § 31 BGB zugerechnet, sodass F von dem Verein gem. §§ 823, 31 BGB Schadensersatz verlangen kann.

Welche Rechte und Pflichten haben die Vereinsmitglieder?

Die Mitglieder haben im Wesentlichen die folgenden **Rechte:**

- Teilnahme an den Mitgliederversammlungen
- Stimmrecht
- Aktives und passives Wahlrecht
- Nutzungsrechte im Hinblick auf Vereinseinrichtungen
- Sonstige u. U. in der Satzung eingeräumte Rechte

Pflichten:

- Beitragspflicht
- Treuepflichten
- Sonstige u. U. in der Satzung festgelegte Pflichten

Was ist ein nicht eingetragener Verein?

Wie der Name schon sagt, ist der nicht eingetragene Verein nicht in das Vereinsregister eingetragen. Der nicht eingetragene Verein ist zwar körperschaftlich strukturiert, also von seinen Mitgliedern unabhängig. Er ist jedoch keine juristische Person.

§ 54 Satz 1 BGB verweist auf die Vorschriften der GbR. Dieser Verweis passt jedoch nicht, sodass für den nicht eingetragenen Verein im Wesentlichen die Vorschriften über den eingetragenen Verein angewendet werden. Dies gilt nur insoweit nicht, als durch die fehlende Eintragung die Wendung der §§ 705 ff. BGB geboten ist.

Welcher ist der größte nicht eingetragene Verein in Deutschland?

Die SPD.

Welche Personengesellschaften sind in der Praxis besonders wichtig?

- GbR = Gesellschaft bürgerlichen Rechts (auch: BGB-Gesellschaft)
- OHG = Offene Handelsgesellschaft
- KG = Kommanditgesellschaft

Was ist bei einer GbR der Unterschied zwischen einer Innen- und einer Außengesellschaft?

Eine Außengesellschaft (Normalfall) tritt nach außen in Erscheinung und wird entsprechend vertreten. Demgegenüber nimmt eine Innengesellschaft nicht am Rechtsverkehr teil und bildet auch kein Gesamthandvermögen.

Was ist der Unterschied zwischen Rechtsfähigkeit und Teilrechtsfähigkeit?

Rechtsfähigkeit ist die Fähigkeit, selbst Träger von Rechten und Pflichten zu sein. Dies ist bei natürlichen Personen (§ 1 BGB) und auch bei juristischen Personen (vgl. z. B. § 13 GmbHG) der Fall.

Demgegenüber reicht die Teilrechtsfähigkeit nur soweit, wie spezielle Normen bestimmte Rechte zuweisen. So ordnet § 124 Abs. 1 HGB zum Beispiel an, dass die OHG Eigentum erwerben kann.

Ist eine GbR rechtsfähig oder teilrechtsfähig?

Die GbR ist nicht rechtsfähig, denn sie ist keine juristische Person.

Eine Norm wie § 124 Abs. 1 HGB besteht in Bezug auf die GbR nicht. Dementsprechend wurde die GbR früher als nicht teilrechtsfähig angesehen. Man ging davon aus, dass die Gesellschafter in Gesamthandgemeinschaft Inhaber der Rechte sind. Seit 2001 sind Rechtsprechung und Schrifttum jedoch umgeschwenkt. Durch eine entsprechende Anwendung des § 124 Abs. 1 HGB wird erreicht, der Außengesellschaft Teilrechtsfähigkeit beizulegen. Die GbR ist insbesondere in der Lage, Eigentum zu erwerben. Sie kann auch in einem Prozess klagen und verklagt werden. Dementsprechend kann sie auch Schuldnerin sein.

Welche verschiedenen Arten von BGB-Gesellschaften gibt es?

- Die Außengesellschaft tritt nach außen in Erscheinung. Sie ist wie die OHG teilrechtsfähig und kann insbesondere (selbst) Eigentum erwerben.
- Die Innengesellschaft tritt nach außen nicht Erscheinung. Die Innengesellschaft ist nicht teilrechtsfähig und kann auch kein Eigentum erwerben.

Welche beiden Komponenten hat ein Gesellschaftsvertrag?

Ein Gesellschaftsvertrag ist zunächst ein schuldrechtlicher Vertrag, der zwischen den Gesellschaftern abgeschlossen wird. Die Regelungen des allgemeinen Schuldrechts (§§ 241 ff. BGB) finden zwischen den Gesellschaftern Anwendung, wenn keine speziellen gesellschaftsrechtlichen Vorschriften vorgehen.

Daneben entsteht jedenfalls bei Außengesellschaften auch eine gewisse Organisationsstruktur mit Teilrechtsfähigkeit. Insofern ist der Gesellschaftsvertrag auch ein Organisationsvertrag, der die Schaffung einer Organisation (der Gesellschaft) zum Gegenstand hat.

Welchen Formvorschriften unterliegt ein Gesellschaftsvertrag?

Der Abschluss eines Gesellschaftsvertrags unterliegt bei der GbR keiner besonderen Form. Eine Ausnahme besteht, wenn die Gesellschafter Leistungen erbringen sollten, die ihrerseits eine bestimmte Form voraussetzen (Beispiel: Einlage eines Grundstücks, § 311b Abs. 1 Satz 1 BGB). Eine GbR kann also auch durch ganz alltägliche Vereinbarungen entstehen, z. B. bei einer Fahrgemeinschaft oder einer Lotto-Tipp-Gemeinschaft.

Was ist der Unterschied zwischen Geschäftsführung und Vertretung?

Nach § 709 BGB werden die Geschäfte der Gesellschaft durch die Gesellschafter gemeinschaftlich geführt. Soweit einem Gesellschafter nach dem Gesellschaftsvertrag die Führung der Geschäfte zusteht, darf er die Gesellschaft vertreten (vgl. § 714 BGB). Der Unterschied zwischen Geschäftsführung und Vertretung wird deutlich, wenn man zwischen Innenverhältnis und Außenverhältnis unterscheidet. Das Innenverhältnis betrifft die Beziehungen der Gesellschafter untereinander, das Außenverhältnis betrifft die Beziehungen der Gesellschaft zu dritten.

Sind Geschäftsführung und Vertretungsmacht immer gleichlaufend?

Nein, dies ist nur mangels abweichender Regelungen so. Überschreitet ein Gesellschafter durch Nutzung seiner Vertretungsmacht (rechtliches Können) seine Geschäftsführungsbefugnis (rechtliches Dürfen), wird die Gesellschaft zwar rechtlich verpflichtet. Allerdings ist der Gesellschafter der Gesellschaft gegenüber dann u. U. schadensersatzpflichtig.

Fall: A kauft für die ABC GbR beim Baumarkt Arbeitsmaterialien. Handelt es sich um eine Geschäftsführungsmaßnahme oder um die Vertretung der Gesellschaft?

Beides! Die Geschäftsführung ist jedes auf die Förderung des Vereinszwecks gerichtete tatsächliche oder rechtliche Verhalten nach innen und nach außen. Hier schließt der A für die GbR (nach außen) einen Vertrag ab und fördert dadurch zugleich (nach innen) den Gesellschaftszweck.

Wer ist bei der GbR zur Geschäftsführung befugt?

Da bei der GbR grundsätzlich die Gesellschafter für Schulden der Gesellschaft in Anspruch genommen werden können, geht das Gesetz von der Gesamtgeschäftsführung der Gesellschafter aus (§ 709 Abs. 1 BGB). Nach dem Gesetz ist für jedes Geschäft die Zustimmung aller Gesellschafter erforderlich. Dies ist natürlich wenig praktikabel. Aus diesem Grunde wird im Gesellschaftsvertrag oft etwas anders vereinbart (z. B. Geschäftsführung durch jeden Gesellschafter allein oder Mehrheitsentscheidungen).

Die ABC GbR besteht aus drei Gesellschaftern (A, B und C). Nach dem Gesellschaftsvertrag ist A Geschäftsführer. Sind B und C daneben auch zur Geschäftsführung berechtigt?

Nein. Ist im Gesellschaftsvertrag die Führung der Geschäfte einem oder mehreren Gesellschaftern übertragen, sind die übrigen Gesellschafter von der Geschäftsführung ausgeschlossen (§ 710 BGB). Sind mehrere Gesellschafter Geschäftsführer, bedürften Geschäftsführungsmaßnahmen der Zustimmung aller.

A ist einziger geschäftsführender Gesellschafter der ABC GbR. Er plant eine Anschaffung, mit der B und C nicht einverstanden sind. Was können sie tun?

§ 711 Satz 1 BGB sieht ein Widerspruchsrecht vor. Danach kann jeder Gesellschafter der Vornahme eines Geschäfts widersprechen. Dieses muss dann unterbleiben. Auch diese Vorschrift kann dahingehend abbedungen werden, dass Mehrheitsentscheidungen möglich sind. Grundlagengeschäfte bedürfen jedoch grds. der Einstimmigkeit.

Was ist der Inhalt der Geschäftsführungsbefugnis bei der GbR?

Das BGB sieht keine inhaltliche Beschränkung der Geschäftsführungsbefugnis vor. Eine solche wird allerdings oft in den Gesellschaftsvertrag aufgenommen. Die Geschäftsführungsbefugnis erstreckt sich dann nur auf laufende Geschäfte. Grundlagengeschäfte fallen dann nicht darunter. Dies sind z. B. die Änderung des Zwecks oder die Aufnahme weiterer Gesellschafter.

Welche Rechte hat der Geschäftsführer einer GbR?

§ 713 BGB verweist insoweit auf das Auftragsrecht (§§ 664 – 670 BGB). Danach kann der Geschäftsführer seine Aufwendungen (freiwillige Vermögensopfer) von der Gesellschaft ersetzt verlangen (§ 670 BGB). Er muss allerdings dasjenige herausgeben, was er durch die Geschäftsführung erlangt (§ 667 BGB).

Fall: A ist einziger geschäftsführender Gesellschafter der ABC GbR, die Gemüse auf Wochenmärkten verkauft. A fährt mit seinem Auto zum Wochenmarkt und hat Fahrtkosten von 10 €. Er verkauft Gemüse und setzt 100 € um. Welche Ansprüche bestehen?

Bei den Fahrtkosten handelt es sich um Aufwendungen, die A von der Gesellschaft gem. §§ 713, 670 BGB ersetzt verlangen kann. Den Umsatz muss er allerdings an die Gesellschaft herausgeben (§§ 713, 667 BGB).

Haben die nicht geschäftsführenden Gesellschafter über das Widerspruchsrecht hinaus Möglichkeiten, die Geschäftsführung zu kontrollieren?

Ja, § 716 BGB sieht ein Kontrollrecht vor. Danach kann ein von der Geschäftsführung ausgeschlossener Gesellschafter sich über die Angelegenheiten der Gesellschaft persönlich unterrichten, die Geschäftsbücher einsehen und sich aus ihnen eine Übersicht über den Stand des Gesellschaftsvermögens anfertigen. Aus wichtigem Grund kann einem Geschäftsführer die Geschäftsführungsbefugnis auch entzogen werden (§ 712 Abs. 1 BGB). Ein wichtiger Grund liegt insbesondere vor, wenn der Geschäftsführer eine grobe Pflichtverletzung begeht oder (z. B. durch Krankheit) nicht mehr zur ordnungsgemäßen Geschäftsführung fähig ist.

Wie ist die Vertretungsmacht bei der GbR geregelt?

Nach § 714 BGB reicht die Vertretungsmacht im Zweifel soweit wie die Geschäftsführungsbefugnis nach dem Gesellschaftsvertrag. Aus diesem Grunde müssen sich Vertragspartner einer GbR grds. über den Gesellschaftsvertrag informieren um festzustellen, wieweit die Geschäftsführungsbefugnis (und damit die Vertretungsmacht) führt.

Fall: Die ABC GbR hat den Zweck des Gemüsehandels. Geschäftsführer A meint, die Gesellschaft würde mit handgemachten Nudeln ebenfalls gute Geschäfte machen. Er bestellt daher eine Maschine und Zutaten zur Nudelherstellung bei I. Kann I von der GbR die Zahlung verlangen?

Ein Zahlungsanspruch besteht gem. § 433 Abs. 2 BGB, wenn die ABC GbR durch A wirksam vertreten wurde (§ 164 Abs. 1 BGB). Hier hat A zwar eine eigene Willenserklärung abgegeben und in fremdem Namen gehandelt; fraglich ist jedoch, ob er innerhalb seiner Vertretungsmacht handelte. Diese reicht im Zweifel soweit wie die Geschäftsführungsbefugnis. Diese umfasst jedoch nicht Grundlagengeschäfte, wie die Erweiterung des Gesellschaftszwecks. Das Geschäft war also wegen der Parallelität zwischen Geschäftsführungsbefugnis und Vertretungsmacht nicht gedeckt.

I kann jedoch von A gem. §§ 179, 433 Abs. 2 BGB Zahlung verlangen. Er handelte als sog. Vertreter ohne Vertretungsmacht.

Welche Pflichten haben die Gesellschafter?

Gesellschafter müssen im Besonderen die sog. Beiträge erbringen. Diese Pflicht kann insbesondere durch die Einlage von Sachen oder Geld erfüllt werden; sie kann aber auch in der Verpflichtung zu Dienstleistungen bestehen. Wenn keine besonderen Regeln vorhanden sind, müssen alle Gesellschafter die gleichen Beiträge leisten (§ 706 Abs. 1 BGB).

Daneben bestehen Treuepflichten. Ein Gesellschafter darf die Gesellschaft nicht schädigen. Das Geschäftsführungsrecht ist i. d. R. auch eine Geschäftsführungspflicht. Für Pflichtverletzungen haften die Gesellschafter (zum Maßstab vgl. § 708 BGB).

Wie wird in einer BGB-Gesellschaft der Gewinn verteilt?

Aus §§ 721, 722 BGB ergibt sich, dass der Gewinn i. d. R. jährlich nach Köpfen verteilt wird. Es können allerdings im Gesellschaftsvertrag davon abweichende Regelungen getroffen werden. Bei einer Auflösung wegen Kündigung erfolgt eine Auseinandersetzung. Im Rahmen dieser sind Einlagen zurück zu gewähren (§§ 732, 733 BGB), verbleibende Gewinne sind zu verteilen.

Was ist eine Actio pro socio?

Die GbR kann auch Ansprüche gegen die Gesellschafter haben (z. B. wegen pflichtwidriger Geschäftsführung). Da Klagen gegen einen Gesellschafter grds. nur einstimmig erfolgen können und der zu verklagende Gesellschafter wohl kaum mitstimmen dürfte, kann auch ein anderer Gesellschafter für die Gesellschaft ohne explizite Ermächtigung im Gesellschaftsvertrag gegen den Gesellschafter vorgehen. Es handelt sich um eine sog. Prozessstandschaft. Ein fremdes Recht wird im eigenen Namen geltend gemacht.

Was geschieht, wenn ein Gesellschafter stirbt?

Der Tod eines Gesellschafters führt grds. zu deren Auflösung, wenn sich nicht aus dem Gesellschaftsvertrag etwas anders ergibt (§ 727 Abs. 1 BGB). Als abweichende Regelungen kommen insb. in Betracht:

- **Eintrittsklausel:** Die übrigen Gesellschafter sind verpflichtet, mit den Erben einen Aufnahmevertrag abzuschließen bzw. diesen in die Gesellschaft aufzunehmen.
- **Einfache Nachfolgeklausel:** Alle Erben werden im Wege der Universalsukzession Gesellschafter der Gesellschaft.
- **Qualifizierte Nachfolgeklausel:** Nur ein bestimmter Erbe kann Gesellschafter werden.
- **Einfache Fortsetzungsklausel:** Die Gesellschaft wird unter den übrigen Gesellschaftern fortgesetzt. Es besteht jedoch ein Abfindungsanspruch.

Wie kann ein Gesellschafter neben seinem Tod noch zwangsweise aus der Gesellschaft ausscheiden?

Wenn eine einfache Fortsetzungsklausel besteht, kann der Gesellschafter bei Vorliegen eines wichtigen Grundes gem. § 737 BGB aus der Gesellschaft ausgeschlossen werden. Ein wichtiger Grund liegt z. B. vor, wenn er seiner Beitragspflicht nachhaltig nicht nachkommt.

Was geschieht, wenn ein Gesellschafter aus der Gesellschaft ausscheidet und diese fortgesetzt wird?

Sein Anteil am Gesellschaftsvermögen wächst den übrigen Gesellschaftern an (§ 738 Abs. 1 Satz 1 BGB). Zur Nutzung überlassene Gegenstände kann der ausscheidende Gesellschafter zurückverlangen (§ 732 Satz 1 BGB).

Wie können Verbindlichkeiten der Gesellschaft begründet werden?

Vertragliche Verbindlichkeiten werden begründet, indem ein Vertreter der Gesellschaft – z. B. der geschäftsführende Gesellschafter – als Stellvertreter für die Gesellschaft handelt (§ 164 BGB). Wenn die Gesellschaft ihre vertraglichen (Neben-) Pflichten nicht ordnungsgemäß erfüllt, haftet sie nach Maßgabe der §§ 280 ff. BGB auf Schadensersatz. Ihr wird dabei das Handeln der Gesellschafter oder anderer Personen, die für sie handeln, zugerechnet (§ 278 BGB oder § 31 BGB). Deliktisches Handeln der Gesellschafter wird der Gesellschaft nach § 31 BGB zugerechnet.

Haften die Gesellschafter neben der Gesellschaft für Verbindlichkeiten der Gesellschaft?

Die früher herrschende Auffassung ging davon aus, dass mit der Gesellschaft zugleich auch die Gesellschafter verpflichtet werden. Insoweit waren diese neben der Gesellschaft verpflichtet.

Mittlerweile geht die herrschende Auffassung im Anschluss an die Rechtsprechung des BGH (BGH, Urteil vom 29.01.2001 - NJW 2001, S. 1056) davon aus, dass die Gesellschafter für die Verbindlichkeiten der Gesellschaft analog § 128 HGB akzessorisch haften.

Der Unterschied der beiden Auffassungen besteht darin, dass die Gesellschafter nun auch für deliktische Ansprüche haften. Diese werden nicht durch einen Vertrag, sondern durch deliktische Verletzung von Rechtsgütern begründet.

Fall: A, B und C sind Gesellschafter der ABC GbR. A verursacht auf einer Geschäftsfahrt für die Gesellschaft grob fahrlässig einen Verkehrsunfall, bei welchem der Fahrradfahrer F verletzt wird. Muss sich F an den A halten oder kann er auch die Gesellschaft und die Mitgesellschafter in Anspruch nehmen?

F hat gegen A einen Anspruch auf Schadensersatz, der sich (u. a.) aus § 823 Abs. 1 BGB ergibt. Danach ist zum Schadensersatz verpflichtet, wer fahrlässig den Körper oder die Gesundheit eines anderen widerrechtlich verletzt. Dies ist hier der Fall. Daneben wird das Handeln des A gem. § 31 BGB auch der Gesellschaft zugerechnet, sodass ein Anspruch auch gegen diese besteht. Aufgrund der analogen Anwendung des § 128 HGB haften auch die übrigen Gesellschafter für die Verbindlichkeiten der Gesellschaft persönlich.

Fall: A, B und C sind Gesellschafter der ABC GbR. A verursacht auf einer Geschäftsfahrt für die Gesellschaft grob fahrlässig einen Verkehrsunfall, bei welchem der Fahrradfahrer F verletzt wird. Der Schaden aus dem Unfall ist noch nicht reguliert. Nun tritt C aus der Gesellschaft aus und D tritt in die Gesellschaft ein. Haften die beiden?

C haftet weiterhin. Nach § 736 Abs. 2 BGB i. V. m. § 160 HGB haftet der ausscheidende Gesellschafter für alle Verbindlichkeiten, die bis zu seinem Ausscheiden begründet waren, wenn sie innerhalb von fünf Jahren nach seinem Ausscheiden fällig werden. C haftet also weiterhin.

Der eintretende Gesellschafter, hier D, haftet für alle Verbindlichkeiten, die vor seinem Eintreten begründet werden (§ 130 HGB analog).

Fall: A, B und C sind Gesellschafter der ABC GbR. A verursacht auf einer Geschäftsfahrt für die Gesellschaft grob fahrlässig einen Verkehrsunfall, bei welchem der Fahrradfahrer F verletzt wird. Mittlerweile ist C als Gesellschafter ausgetreten und durch D ersetzt worden. Weder die ABC GbR noch die Gesellschafter A, B, C und D zahlen Schadensersatz. Was ist F zu raten?

Er sollte die Gesellschaft und alle Gesellschafter auf Schadensersatz verklagen. Ergeht ein Urteil zu seinen Gunsten, kann er in alle verfügbaren Vermögensmassen vollstrecken. Zudem können die Gesellschafter in dem Gerichtsverfahren nicht als Zeugen aussagen.

Fall: A, B und C sind Gesellschafter der ABC GbR. A verursacht auf einer Geschäftsfahrt für die Gesellschaft grob fahrlässig einen Verkehrsunfall, bei welchem der Fahrradfahrer F verletzt wird. B hat für die Gesellschaft Schadensersatz gezahlt. Bekommt er das Geld teilweise von den Mitgesellschaftern zurück?

Vorrangig kann er die Zahlung von der Gesellschaft verlangen. Erst wenn aus der Gesellschaftskasse keine Befriedigung zu erwarten ist, kann sich B an seine Mitgesellschafter halten (sog. Gesamtschuldner-Innenausgleich gem. § 426 BGB).

Aus welchen Gründen wird eine BGB-Gesellschaft aufgelöst?

Auflösungsgründe sind, wenn der Gesellschaftsvertrag nichts anderes vorsieht und ein Auflösungsbeschluss gefasst wird:

- Kündigung durch einen Gesellschafter (§§ 723, 724 BGB)
- Kündigung durch Gläubiger nach Pfändung (§ 725 BGB)
- Zweckerreichung oder –verfehlung (§ 726 BGB)
- Tod eines Gesellschafters (§ 727 BGB)
- Insolvenz der Gesellschaft (§ 728 BGB).

Was geschieht, wenn die Gesellschaft aufgelöst wird?

Die Auflösung der Gesellschaft hat nicht deren unmittelbare Beendigung zur Folge. Die Auflösung setzt vielmehr die Auseinandersetzung nach Maßgabe der §§ 730 ff. BGB in Gang. Dazu werden alle Gesellschaftsverbindlichkeiten ausgeglichen und Einlagen zurückgewährt. Verbleibt ein Gewinn, wird dieser unter den Gesellschaftern verteilt. Verbleibt ein Verlust, müssen die Gesellschafter diesen decken.

Was ist eine OHG?

Die OHG (Offene Handelsgesellschaft) ist eine Personenhandelsgesellschaft. Auf diese finden die Vorschriften über die BGB-Gesellschaft Anwendung, soweit im HGB nichts abweichendes davon geregelt ist (§ 105 Abs. 3 HGB). Alle Gesellschafter haften persönlich (§ 128 HGB). In der Firma („Name der Gesellschaft“) muss der Zusatz OHG bzw. etwas Vergleichbares enthalten sein (§ 19 Abs. 1 Nr. 2 HGB).

Muss eine OHG zwingend ein Handelsgewerbe betreiben?

Nein. Eine OHG, die kein Handelsgewerbe nach § 1 Abs. 2 HGB betreibt oder die nur eigenes Vermögen verwaltet, wird offene Handelsgesellschaft, wenn die Firma des Unternehmens in das Handelsregister eingetragen wird. Die Gesellschaft ist dann Kann-Kaufmann.

Fall: Das von der ABC GbR betriebene Unternehmen entwickelt sich gut. Mittlerweile hat es einen Umsatz von 2 Mio. €, ist in vielfältiger Weise tätig und hat zahlreiche Mitarbeiter. Welche Folgen hat der geschäftliche Erfolg?

Es spricht viel dafür, dass das Handelsgewerbe der ABC GbR einen in kaufmännischer Weise eingerichteten Geschäftsbetrieb erfordert. Dadurch „wächst" sie aufgrund der Kaufmannseigenschaft in die Rechtsform einer OHG, ohne dass es eines expliziten Beschlusses der Gesellschafter bedarf. Sie ist Ist-Kaufmann. Als solcher muss sie sich in das Handelsregister eintragen lassen (§ 106 Abs. 1 HGB).

Welche Folgen hat die Kaufmannseigenschaft der OHG?

Die Kaufmannseigenschaft hat zur Folge, dass zahlreiche Sondervorschriften des HGB für sie gelten. Wird z. B. eine Bürgschaft im Interesse der OHG gewährt, ist keine Schriftform erforderlich (§ 350 HGB). Mängel muss sie grundsätzlich sofort anzeigen (§ 377 HGB).

Wer kann Gesellschafter einer OHG sein?

Als Gesellschafter einer OHG kommen natürliche Personen, juristische Personen und teilrechtsfähige Personengesellschaften in Betracht.

Wer ist zur Geschäftsführung bei der OHG berechtigt?

Wie bei der GbR sind zur Führung der Geschäfte alle Gesellschafter berechtigt und verpflichtet (§ 114 Abs. 1 HGB). Wird im Gesellschaftsvertrag jedoch die Geschäftsführung einem oder mehreren Gesellschaftern übertragen, sind die übrigen Gesellschafter von der Geschäftsführung ausgeschlossen.

Wo besteht bei der Geschäftsführung durch mehrere Gesellschafter ein wichtiger Unterschied zur GbR?

Im Unterschied zur GbR ist jeder geschäftsführungsberechtigte Gesellschafter berechtigt, allein zu handeln (§ 115 Abs. 1 HGB). Widerspricht jedoch ein anderer geschäftsführungsberechtigter Gesellschafter der Vornahme einer Handlung, so muss diese unterbleiben. Abweichend davon kann im Gesellschaftsvertrag jedoch Gesamtgeschäftsführung vereinbart werden. Bei Gefahr im Verzug darf jedoch jeder Gesellschafter wieder allein handeln (§ 115 Abs. 2 HGB).

Welchen Umfang hat das Geschäftsführungsrecht?

Nach § 116 Abs. 1 HGB erstreckt sich die Befugnis zur Geschäftsführung auf alle Handlungen, die der gewöhnliche Betrieb des Handelsgewerbes der Gesellschaft mit sich bringt. Maßgeblich ist die konkrete OHG. Zur Vornahme von Handlungen, die darüber hinausgehen, ist ein Beschluss sämtlicher Gesellschafter erforderlich.

Wer kann für eine OHG Prokura erteilen?

Die Vertretungsmacht eines Prokuristen ist sehr weitreichend und im Außenverhältnis nicht zu beschränken. Weil dies so ist, bedarf die Bestellung eines Prokuristen der Zustimmung aller geschäftsführenden Gesellschafter (§ 116 Abs. 3 Satz 1 HGB). Der Widerruf der Prokura kann hingegen auch von einem geschäftsführenden Gesellschafter erfolgen.

Wer vertritt die OHG?

Die Vertretung erfolgt – wie bei der GbR – nach Maßgabe des § 164 Abs. 1 BGB. Im Unterschied zur GbR (§§ 709, 714 BGB) gilt bei der OHG jedoch das Prinzip der Einzelvertretung. Eine davon abweichende gesellschaftsvertragliche Regelung ist jedoch möglich (§ 125 Abs. 2 HGB). Diese wirkt Dritten gegenüber nur, wenn sie in das Handelsregister eingetragen ist (§§ 106 Abs. 2 Nr. 4, 107 HGB).

Wie weit reicht die Vertretungsmacht eines OHG-Gesellschafters?

Die Vertretungsmacht der Gesellschafter erstreckt sich auf alle gerichtlichen und außergerichtlichen Geschäfte und Rechtshandlungen einschließlich der Veräußerung und Belastung von Grundstücken (§ 126 Abs. 1 HGB). Eine Beschränkung des Umfangs ist Dritten gegenüber stets unwirksam (§ 126 Abs. 2 HGB).

Fall: Bei der ABC GbR besteht laut Gesellschaftsvertrag Gesamtvertretung. Diese ist aber nicht in das Handelsregister eingetragen. A schließt gegen den Willen von B und C ein Geschäft ab. Wird die Gesellschaft wirksam verpflichtet?

Ja. Die Abweichung vom Grundsatz der Einzelvertretung (§ 125 Abs. 1 HGB) ist möglich (§ 125 Abs. 2 HGB). Die Gesamtvertretung muss jedoch in das Handelsregister eingetragen werden (§ 106 Nr. 4, 107 HGB). Wenn der Vertragspartner dies nicht positiv kannte, muss er sich die fehlende Vertretungsmacht nicht entgegenhalten lassen.

Fall: A ist alleinvertretungsberechtigter Gesellschafter der ABC GbR. Im Innenverhältnis ist vereinbart, dass Geschäfte über 10.000 € der Zustimmung aller Gesellschafter bedürfen. A schließt ohne Rücksprache ein Geschäft mit einem Wert von 20.000 € ab. Wird die Gesellschaft verpflichtet?

Ja. Beschränkungen des Umfangs der Vertretungsmacht sind Dritten gegenüber unwirksam. A handelt zwar außerhalb des rechtlichen Dürfens, jedoch innerhalb seines rechtlichen Könnens.

Wie begrenzt man in der Praxis die Vertretungsmacht eines OHG-Gesellschafters?

Im Gesellschaftsvertrag wird Gesamtvertretung vereinbart. Ein Gesellschafter allein kann also nicht wirksam die Gesellschaft vertreten. Für einzelne Geschäfte wird ein Gesellschafter dann bevollmächtigt (z. B. für alle Geschäfte unter 10.000 €).

Kommen auch Dritte als Geschäftsführer bzw. Vertreter der Gesellschaft in Betracht?

Die Gesellschafter sind zwar Inhaber der organschaftlichen Befugnisse. Allerdings können sie die Ausübung dieser Befugnisse auch Dritten überlassen. Sie können z. B. einen Geschäftsführer einstellen und diesen mit Prokura oder Handlungsvollmacht versehen. Die Vollmacht und Geschäftsführungsbefugnis darf aber nicht weitergehen als bei den Gesellschaftern selbst. Grenze ist § 126 HGB. Wegen des Grundsatzes der Selbstorganschaft muss jedoch mindestens ein OHG-Gesellschafter geschäftsführungs- und vertretungsbefugt sein, damit die Gesellschaft nicht ausschließlich von Dritten abhängt. Dies wäre angesichts der persönlichen Haftung der Gesellschafter nicht akzeptabel.

Wie ist das Stimmrecht innerhalb der OHG ausgestaltet?

Wenn im Rahmen der OHG ein Beschluss gefasst werden soll (z. B. § 116 Abs. 2 HGB), ist grundsätzlich Einstimmigkeit erforderlich (§ 119 HGB). Es können im Gesellschaftsvertrag allerdings Mehrheitsentscheidungen zugelassen werden.

Welche konkrete Ausformung findet die gesellschaftsrechtliche Treuepflicht im Recht der OHG?

Aufgrund der Treuepflicht dürften Gesellschafter der OHG keine Konkurrenz machen. § 112 HGB enthält ein Wettbewerbsverbot. Danach darf ein Gesellschafter ohne die Einwilligung der anderen Gesellschafter weder in dem Handelszweig der Gesellschaft Geschäfte machen noch an einer anderen gleichartigen Handelsgesellschaft als persönlich haftender Gesellschafter teilnehmen.

Wie werden Gewinn und Verlust bei der OHG verteilt?

Die Verteilung von Gewinn und Verlust erfolgt anhand der Bilanz (§ 120 HGB). Gewinn und Verlust werden dabei durch den Vergleich der Vermögenslagen zu Beginn und zum Ende des konkreten Geschäftsjahres verglichen. Die Verteilung des Gewinns erfolgt nach näherer Maßgabe des Gesellschaftsvertrags. Das gesetzliche Regelkonzept des § 121 HGB kommt so gut wie nie zum Einsatz. Danach erhält jeder Gesellschafter zunächst eine Verzinsung seines Kapitalanteils von 4 %. Was übrig bleibt, wird nach Köpfen verteilt.

Wie werden Aufwendungen der Gesellschafter ersetzt?

Nach § 110 HGB besteht Anspruch auf Ersatz von in Gesellschaftsangelegenheiten getätigten Aufwendungen. Zudem werden auch Verluste (Schäden) ersetzt, die unmittelbar auf die Geschäftsführung bzw. mit dieser verbundenen Gefahren zurückzuführen sind. Letzteres ist bei der GbR nicht vorgesehen.

Wie haften die Gesellschafter einer OHG?

Die Gesellschafter haften für Verbindlichkeiten der Gesellschaft als Gesamtschuldner. Leistet ein Gesellschafter auf eine Schuld der Gesellschaft, kann er seine Mitgesellschafter theoretisch in Regress nehmen. Vorrangig steht ihm aber ein Aufwendungsersatzanspruch gem. § 110 HGB zu. Erst, wenn die Gesellschaft selbst den Anspruch nicht mehr decken kann, findet der Gesamtschuldnerausgleich nach Maßgabe des § 426 BGB anhand der im Gesellschaftsvertrag bestimmten Haftungsquoten statt.

Fall: Die ABC OHG schuldet D 100.000 €. A und B müssen nach dem Gesellschaftsvertrag je ²⁄₅ der Verbindlichkeiten der Gesellschaft tragen, C ¹⁄₅. C zahlt an D. Kann C von der Gesellschaft und von A und B 100.000 € verlangen?

Grundsätzlich kann C von der Gesellschaft 100.000 € als Aufwendungsersatz gem. § 110 HGB verlangen. Kann die Gesellschaft diese Summe nicht zahlen, kann C seine Mitgesellschafter in Anspruch nehmen. Durch die Zahlung an D ist der Zahlungsanspruch gem. § 426 Abs. 2 BGB anteilig entsprechend der Regelung im Gesellschaftsvertrag auf C übergegangen. Er kann von A und B je 40.000 € verlangen.

Was geschieht – im Unterschied zur GbR – im Falle des Todes eines OHG-Gesellschafters?

Die GbR wird durch den Tod eines Gesellschafters grundsätzlich aufgelöst, wenn im Gesellschaftsvertrag keine abweichenden Regelungen enthalten sind (§ 727 Abs. 1 BGB). Demgegenüber ist der Tod eines Gesellschafters bei der OHG explizit kein Grund, der zur Auflösung der Gesellschaft führt (§ 131 Abs. 3 Nr. 1 HGB). Stattdessen scheidet der Gesellschafter aus. Etwas anderes gilt, wenn eine sog. Fortsetzungsklausel vereinbart ist.

Ist die OHG eine juristische Person?

nwb

Ein rechtliches Gebilde ist nur dann juristische Person, wenn das Gesetz es ausdrücklich anordnet. Dies geschieht für die GmbH z. B. in § 13 GmbHG. Eine solche Anordnung fehlt für die OHG. Sie kann nach § 124 Abs. 1 HGB jedoch unter ihrer Firma Rechte erwerben und Verbindlichkeiten eingehen. Damit ist sie als Wirkungseinheit ihrer Mitglieder teilrechtsfähig und auch grundbuchfähig.

Gesellschafter haften nach § 128 HGB für Verbindlichkeiten der Gesellschaft. Ermöglicht ein Vollstreckungstitel gegen die Gesellschaft auch die Vollstreckung in das Vermögen der Gesellschafter im Hinblick auf Gesellschaftsverbindlichkeiten?

Die Vermögensmassen der Gesellschafter und der Gesellschaft sind getrennt. Dies zeigt sich insb. an § 124 Abs. 2 HGB, wonach eine Zwangsvollstreckung in das Gesellschaftsvermögen nur aufgrund eines gegen die Gesellschaft gerichteten vollstreckbaren Schuldtitels erfolgt. Ein Titel (nur) gegen die Gesellschafter ist also nicht ausreichend.

Haften Gesellschafter einer OHG für Verbindlichkeiten der Gesellschaft?

Ja. Nach § 128 HGB haften die Gesellschafter für Verbindlichkeiten der Gesellschaft persönlich. Sie haben grundsätzlich nicht nur Schadensersatz in Geld zu leisten, sondern haften nach überwiegender Auffassung auf Erfüllung (sog. Erfüllungstheorie). Ist die OHG beispielsweise verpflichtet, bestimmte Waren zu liefern, können Gläubiger dies grundsätzlich auch von den Gesellschaftern verlangen.

Kann ein Gesellschaftsgläubiger wegen Verbindlichkeiten der Gesellschaft in das Vermögen eines OHG-Gesellschafters vollstrecken?

Obwohl Gesellschafter für die Verbindlichkeiten der Gesellschaft persönlich haften (§ 128 Satz 1 HGB), ist eine Zwangsvollstreckung aus einem Vollstreckungstitel (z. B. Urteil, notarielle Unterwerfungserklärung) nicht möglich (§ 129 Abs. 4 HGB). Man löst dieses Problem, indem man Gesellschafter und Gesellschaft gemeinsam verklagt. So kann der Gläubiger gegen beide einen Vollstreckungstitel erhalten.

Können die Gesellschafter einer OHG ihre persönliche Haftung ausschließen, indem sie unter „OHG mit beschränkter Haftung“ firmieren oder im Gesellschaftsvertrag etwas anderes vereinbaren?

Nein! Nach § 128 Satz 1 HGB haften Gesellschafter einer OHG persönlich für Verbindlichkeiten der Gesellschaft. Nach Satz 2 dieser Vorschrift sind entgegenstehende Vereinbarungen der Gesellschafter untereinander Dritten gegenüber unwirksam. Sie können allerdings mit den Dritten vereinbaren, dass die Gesellschafter nicht für Verbindlichkeiten der Gesellschaft haften wollen. Ein entsprechender Firmenzusatz reicht dafür nicht aus, u. U. aber eine Regelung in einbezogenen AGB.

Was sind Einwendungen gegen eine Forderung?

Wenn ein Schuldner von seinem Gläubiger in Anspruch genommen wird, kann er gegen diese Forderung Einwendungen erheben. Er kann einwenden, der Anspruch sei erloschen oder in seiner Durchsetzbarkeit gehemmt.

- Ansprüche erlöschen z. B. durch Erfüllung, Aufrechnung, Kündigung, Aufhebungsvertrag, Rücktritt, Anfechtung.
- Ansprüche sind gehemmt z. B. bei Verjährung oder wenn ein Zurückbehaltungsrecht besteht.

Wie können sich von Gläubigern der OHG in Anspruch genommene Gesellschafter verteidigen?

Wird ein Gläubiger wegen einer Verbindlichkeit der Gesellschaft in Anspruch genommen, kann er dem eigene Einwendungen und Einwendungen der Gesellschaft entgegensetzen (§ 129 Abs. 1 HGB).

Er kann die Befriedigung des Gläubigers verweigern, solange der Gesellschaft das Recht zusteht, das zugrundliegende Rechtsgeschäft anzufechten (§ 129 Abs. 2 HGB) oder der Gläubiger sich durch Aufrechnung gegen eine fällige Forderung der Gesellschaft befriedigen kann.

Fall: D hat gegen die ABC OHG eine Forderung i. H. v. 1.000 €. Er nimmt den Gesellschafter A in Anspruch. Die ABC OHG hat ihrerseits eine Forderung gegen D i. H. v. 200 €. Zudem ist die Forderung i. H. v. 100 € verjährt. A hat gegen D eine eigene Forderung i. H. v. 500 €. D verklagt die ABC OHG und D. Was wird A vorbringen?

Als Gesellschafter der ABC OHG kann sich A mit eigenen und mit Einwendungen der Gesellschaft verteidigen.

- Soweit sich der Gläubiger durch Aufrechnung gegen eine Forderung der Gesellschaft befriedigen kann, kann der Gesellschafter die Forderung verweigern (§ 129 Abs. 2 HGB). Hier besteht im Hinblick auf die 200 €-Forderung eine Aufrechnungslage.
- Die Forderung ist zudem zu 100 € verjährt. Darauf kann sich auch A berufen (§ 129 Abs. 1 HGB).
- Zudem kann A mit seiner eigenen Forderung i. H. v. 500 € aufrechnen (§ 129 Abs. 1 HGB).

D kann also zunächst nur 200 € verlangen.

Fall: D hat gegen die ABC OHG eine Forderung. Sie ist in einem Jahr fällig. Drei Wochen, nachdem die Forderung begründet wurde, tritt A aus der OHG aus und E tritt in die OHG ein. Kann D A und E in Anspruch nehmen?

Ja. Der eintretende Gesellschafter haftet für alle Verbindlichkeiten, die vor seinem Eintritt in die Gesellschaft begründet wurden (§ 130 Abs. 1 HGB). Dies gilt sogar, wenn die Firma der Gesellschaft sich ändert, zum Beispiel zu EBC OHG.

Ein ausscheidender Gesellschafter haftet für die bis zu seinem Austritt begründeten Verbindlichkeiten, wenn diese vor Ablauf von fünf Jahren nach seinem Ausscheiden fällig werden. Die Frist beginnt mit der Eintragung des Ausscheidens in das Handelsregister (§ 160 Abs. 1 OHG). A kann also von D noch in Anspruch genommen werden.

Wann wird eine OHG (zwangsweise) aufgelöst?

Im Recht der OHG achtet man – anders als bei der GbR – nicht auf das „Einzelschicksal“ der Gesellschafter. So führen z. B. Tod oder Insolvenz eines Gesellschafters mangels anderer Vereinbarung im Gesellschaftsvertrag nicht zur Auflösung der Gesellschaft (§ 131 Abs. 3 HGB).

Auflösungsgründe sind abschließend in § 131 Abs. 1 und Abs. 2 HGB aufgezählt. Insbesondere führen ein Auflösungsbeschluss der Gesellschafter oder die Eröffnung des Insolvenzverfahrens über das Vermögen der Gesellschaft zur Auflösung der OHG.

Was sind Willensmängel und wie geht das Bürgerliche Recht damit um?

Willensmängel bei Abschluss eines Vertrags führen dazu, dass der Vertrag nach den Regeln des sog. Bereicherungsrechts (§§ 812 ff. BGB) rückabgewickelt werden kann.

***Beispiel:** A kauft ein Auto; der Verkäufer verschweigt ihm arglistig, dass es sich um einen Unfallwagen handelt.*

A kann den Vertrag wegen der arglistigen Täuschung anfechten (§ 123 Abs. 1 BGB). Das Rechtsgeschäft wird dadurch von Anfang an nichtig (§ 142 BGB). A hat Anspruch auf Rückgewähr des Kaufpreises (§ 812 Abs. 1 Satz 1 BGB) und muss auf der gleichen Rechtsgrundlage den Kaufpreis zurückgewähren.

Was ist die Lehre von der fehlerhaften Gesellschaft?

Auch bei dem Abschluss eines Gesellschaftsvertrags kann es zu (Willens-) Mängeln kommen. Eine Rückabwicklung ist praktisch jedoch in den seltensten Fällen möglich. Diese müsste ja zwischen den Gesellschaftern und den Vertragspartnern der Gesellschaft erfolgen.

Darum hat die Rechtsprechung die Lehre von der fehlerhaften Gesellschaft entwickelt. Diese gilt für alle Personengesellschaften. Hat eine Gesellschaft ihre Tätigkeit aufgenommen, obwohl der Gesellschaftsvertrag unwirksam war, führt dies nicht zur Rückabwicklung aller Geschäfte. Stattdessen führt dies im Innenverhältnis der Gesellschaft zur Möglichkeit der Auflösung.

Was ist eine Kommanditgesellschaft?

Eine Kommanditgesellschaft (KG) ist wie die OHG und die GbR eine Personengesellschaft. Darum finden auf diese auch die Regeln der OHG (§ 161 Abs. 2 HGB) und der GbR (§ 105 Abs. 3 HGB) Anwendung, soweit in den §§ 161 ff. HGB nichts Abweichendes geregelt ist.

Die KG ist wie die OHG Personenhandelsgesellschaft (§ 6 i. V. m. § 1 ff. HGB). Sie hat aber zwei Klassen von Gesellschaftern: Die persönlich haftenden Gesellschafter (Komplementäre), die OHG-Gesellschaftern entsprechen und die beschränkt haftenden Gesellschafter (Kommanditisten). Diese haften nur auf den Betrag einer bestimmten Vermögenseinlage.

Die KG muss ihre Gesellschaftsform in der Firma kennzeichnen (§ 19 Abs. 1 Nr. 3 HGB).

Was ist der Unterschied zwischen Haftsumme und Vermögenseinlage eines Kommanditisten?

Die Haftsumme ist die Summe, mit der der Kommanditist den Gläubigern der Gesellschaft haftet (§§ 171, 172 HGB). Sie ist in das Handelsregister eingetragen. Soweit die Einlage geleistet ist, ist eine Haftung des Kommanditisten ausgeschlossen. Sind über die Haftsumme hinaus Einlagen in das Vermögen der Gesellschaft vereinbart, haftet der Gesellschafter darüber hinaus nicht.

Welche Stellung hat der Kommanditist?

Die Stellung des Kommanditisten geht über die eines stillen Gesellschafters hinaus. Dieser beteiligt sich „nur" mit einer Geldeinlage an dem Handelsgeschäft eines anderen (vgl. § 230 HGB). Demgegenüber ist der Kommanditist echter Gesellschafter, dem Mitbestimmungs- und Verwaltungsrechte zustehen. Insoweit steht er den Komplementären gleich.

Welche Stellung hat der Komplementär?

Die Stellung des Komplementärs entspricht der eines OHG-Gesellschafters. Dies sieht man daran, dass keine besonderen Regeln in den §§ 161 ff. HGB enthalten sind. Er haftet persönlich und unbeschränkt für Verbindlichkeiten der Gesellschaft. Dementsprechend hat er im Vergleich zum Kommanditisten weitergehende Rechte, insb. das Geschäftsführungs- und Vertretungsrecht.

Wer ist zur Geschäftsführung und Vertretung der KG berufen?

Zur Geschäftsführung und Vertretung der KG sind die Komplementäre berufen (§ 161 Abs. 2 HGB i. V. m. §§ 114 ff. HGB und §§ 125, 126 HGB).

Die Kommanditisten sind zur Vertretung nicht berechtigt (§ 170 HGB). Abweichende Vereinbarungen im Gesellschaftsvertrag sind nicht möglich. Allerdings können Kommanditisten rechtsgeschäftlich – z. B. per Prokura oder Handlungsvollmacht – mit Vertretungsmacht ausgestattet werden.

Der Kommanditist ist auch nicht zur Geschäftsführung berufen (§ 164 Abs. 1 HGB). Komplementäre sind dazu aber – wie OHG-Gesellschafter – berechtigt und verpflichtet. Kommanditisten dürfen Geschäftsführungshandlungen nur widersprechen, wenn diese über den gewöhnlichen Betrieb hinausgehen (§ 164 Satz 1 HGB).

Wieso ist der Komplementär zur Geschäftsführung und Vertretung der KG berufen?

Der Komplementär haftet unbeschränkt und unmittelbar für Verbindlichkeiten der KG (§ 161 Abs. 2 i. V. m. § 128 HGB). Da er wie ein OHG-Gesellschafter haftet, hat er hinsichtlich Geschäftsführung und Vertretung die gleichen Rechte und Pflichten wie ein OHG-Gesellschafter. Kommanditisten haften nur beschränkt. Ihre Stellung ist folglich schwächer ausgestaltet.

Wie haftet der Kommanditist einer KG?

Kommanditisten haften im Grundsatz auch unmittelbar für Verbindlichkeiten der Gesellschaft, jedoch nur bis zur Höhe der Einlage. Die Haftung ist ausgeschlossen, wenn die Haftungseinlage geleistet wurde (§ 171 Abs. 1 HGB). Die Leistung der Einlage führt also zu einer Enthaftung der Kommanditisten.

Die Haftsumme ist in das Handelsregister eingetragen (§ 172 Abs. 1 HGB). Sie muss nicht in Geld geleistet werden. Bei Sacheinlagen muss jedoch ein wirklicher Wert zufließen.

Welche Rechtsfolgen hat die Rückzahlung der Haftsumme?

Die Rückzahlung der Haftsumme führt zu einem Wiederaufleben der Haftung (§ 172 Abs. 4 HGB). Dies gilt sogar in Fällen, in denen der Kommanditist aus der Gesellschaft ausscheidet und deshalb seine Haftsumme zurückerhält. Seine Haftung ist jedoch gegenüber Dritten auf Forderungen beschränkt, die innerhalb von fünf Jahren nach dem Ausscheiden aus der Gesellschaft fällig werden (§ 160 HGB). Die Haftsumme ist eine absolute Grenze. Gewährt die KG einen höheren Betrag als die Haftsumme zurück, haftet der Kommanditist insoweit nicht.

Ist auch eine unbeschränkte Haftung des Kommanditisten denkbar?

Ja. Wenn die KG ihre Geschäfte vor der Eintragung in das Handelsregister aufnimmt und der Kommanditist dem zugestimmt hat, haftet er unbeschränkt und persönlich (§ 176 Abs. 1 HGB). Auch wenn die Eintragung nachträglich erfolgt, wird er nicht von seiner Haftung frei. Es gilt die Nachhaftungsfrist des § 160 Abs. 1, 3 HGB.

Tritt ein Kommanditist in eine KG ein, haftet er bis zur Eintragung begründete Verbindlichkeiten (§ 176 Abs. 2 HGB). Es wird jedoch keine Haftung für Altverbindlichkeiten begründet.

Wie verhindert man in der Praxis die unbeschränkte Haftung von Kommanditisten?

Der Eintritt in die KG erfolgt unter der aufschiebenden Bedingung (§ 158 Abs. 1 BGB) der Eintragung in das Handelsregister. Schuldrechtlich können sich die Parteien so stellen, als sei der Eintritt vorher erfolgt.

Kann der Kommanditist den Komplementär kontrollieren?

Ja. Als Ausgleich für die fehlenden Geschäftsführungs- und Vertretungsrechte hat der Kommanditist gewisse Kontrollrechte. Nach § 166 Abs. 1 HGB ist der Kommanditist berechtigt, eine Kopie des Jahresabschlusses zu erhalten und dessen Richtigkeit und Einsicht der Bücher und Papiere der Gesellschaft zu prüfen.

Was ist eine Aktiengesellschaft und welche wirtschaftliche Funktion hat sie?

Die AG ist eine juristische Person des Zivilrechts, die durch Eintragung in das Handelsregister entsteht (§ 41 AktG). Sie ist eine Kapitalgesellschaft und entspricht damit strukturell den Vereinen. Gläubigern haftet nur das Gesellschaftsvermögen (§ 1 Abs. 1 Satz 2 AktG).

Die AG hat nach ihrer gesetzgeberischen Konzeption eine Kapitalsammelfunktion. Die Gesellschafter (Aktionäre) steuern im Wege der Einlage Geld bei, mit welchem der Vorstand wirtschaftet. Die AG ist nicht personalistisch ausgestaltet. Der (einfach mögliche) Wechsel der Aktionäre lässt ihren Bestand unberührt.

Wie entsteht eine AG?

Eine AG kann originär gegründet werden. Dann steuern die Aktionäre Einlagen (Sacheinlagen oder Bareinlagen) bei. Die AG kann auch durch Umwandlung entstehen, insb. in Form der Verschmelzung, Spaltung und des Formwechsels. Besonders häufig beobachtet man bei wirtschaftlich erfolgreichen GmbHs einen Formwechsel in eine AG. So soll die Möglichkeit geschaffen werden, zusätzliches Kapital durch den Kapitalmarkt zu beschaffen.

Was geschieht im Rahmen der originären Gründung einer AG (Bar-Gründung)?

Die Gesellschafter müssen den Gesellschaftsvertrag in notarieller Form abschließen (Feststellung der Satzung, §§ 2, 23, 28 AktG). Dabei müssen sie zahlreiche zwingende Vorschriften des AktG beachten.

- Der Mindestinhalt der Satzung ist in § 23 Abs. 2, 3 und 4 AktG geregelt.
- Das Grundkapital beträgt 50.000 €.
- Sämtliche Aktien müssen von den Gründern übernommen werden (§ 29 AktG). Damit entsteht die Pflicht zur Leistung der Einlage (§ 54 AktG).
- Sodann bestellen die Gründer einen Aufsichtsrat, der den Vorstand bestellt.
- Der Vorstand meldet nach Leistung mindestens ¼ des Nennwerts der Einlagen die Gesellschaft zum Handelsregister an (§§ 36, 37 AktG).
- Mit der Eintragung in das Handelsregister entsteht die AG.

Welche Organe hat die AG?

Die AG hat zwingend drei Organe:

- Vorstand
- Aufsichtsrat
- Hauptversammlung

Welche Aufgaben hat der Vorstand?

Der Vorstand ist das zentrale Geschäftsführungs- (§ 77 AktG) und Vertretungsorgan (§ 78 AktG) der AG. Er hat gem. § 76 Abs. 1 AktG die Gesellschaft unter eigener Verantwortung zu leiten, wobei sich die Grenzen der Geschäftsführung aus dem Gesellschaftsrecht und der Satzung ergeben.

Der Vorstand kann aus mehreren Personen bestehen. Das Gesetz geht in § 77 AktG von einer Gesamtgeschäftsführung und Gesamtvertretung der AG durch den Vorstand aus. Bei Uneinigkeit wird durch Mehrheitsbeschluss entschieden.

Was versteht man unter dem Prinzip der Fremdorganschaft?

Bei Kapitalgesellschaften gilt – im Gegensatz zu Personengesellschaften – das Prinzip der Fremdorganschaft. Dies besagt, dass Organpersonen nicht Gesellschafter (Aktionäre) sein müssen. Bei der AG ist dieses Prinzip besonders stark ausgeprägt, denn der Vorstand kann nicht von dem Aufsichtsrat oder der Hauptversammlung zu Geschäftsführungsmaßnahmen angewiesen werden. Die Aktionäre sind damit auf eine Investorenrolle beschränkt.

Organe werden aufgrund eines Arbeitsvertrags (§§ 611, 675 BGB) für die Gesellschaft tätig. Getrennt davon ist die gesellschaftsrechtliche Bestellung als Organ zu sehen.

Was ist der Vorstandsvorsitzende?

Der Vorsitzende des Vorstands einer AG ist Primus inter Pares. Nach der gesetzlichen Grundvorstellung ist er Sitzungsleiter und hat eine Repräsentationsfunktion. Tatsächlich geht seine Rolle in den meisten Fällen jedoch weit darüber hinaus.

Was ist der Aufsichtsrat?

Der Aufsichtsrat ist ein Kollegialorgan mit drei bis 21 Mitgliedern (§ 95 AktG). Die Mitglieder werden von der Hauptversammlung gewählt (§§ 101, 119 Abs 1 Nr. 1 AktG) und – soweit erforderlich – auch wieder abgerufen (§ 103 AktG). Der Aufsichtsrat hat einen Vorsitzenden (§ 107 AktG), dem besondere Aufgaben zugewiesen sind. Der Aufsichtsrat entscheidet durch Beschluss.

Was ist die wichtigste Aufgabe des Aufsichtsrats?

Die wichtigste Aufgabe des Aufsichtsrats ist die Überwachung der Geschäftsführung (§ 111 Abs. 1 AktG). Dazu kann er die Bücher und Schriften der Gesellschaft (u. a.) einsehen und prüfen und dazu auch einzelne Mitglieder oder Sachverständige beauftragen. Der Vorstand hat regelmäßig an den Aufsichtsrat zu berichten, insb. über die beabsichtigte Geschäftspolitik und den Gang der Geschäfte. Für bestimmte Maßnahmen kann die Satzung der AG Zustimmungsvorbehalte vorsehen (§ 111 Abs. 4 Satz 2 AktG).

Der Aufsichtsrat bestellt die Mitglieder des Vorstands auf höchstens fünf Jahre.
Der Aufsichtsrat kann Vorstandsmitglieder auch aus wichtigem Grund abberufen.

Der Aufsichtsrat hat keine Geschäftsführungsbefugnis (§ 111 Abs. 4 Satz 1 AktG) und kann diese dem Vorstand auch nicht entziehen.

Was ist die Hauptversammlung?

Die Hauptversammlung ist das Forum, in welchem die Aktionäre ihre Rechte wahrnehmen (§ 118 Abs. 1 AktG). Die Einflussmöglichkeiten der Hauptversammlung sind indes sehr gering. Das wohl wichtigste Recht ist, den Aufsichtsrat zu bestellen. Daneben entscheidet sie u. a. über die Verwendung des Bilanzgewinns, die Entlastung des Vorstands und des Aufsichtsrats, Satzungsänderungen, Maßnahmen der Kapitalbeschaffung und Kapitalherabsetzung.

Kann die Hauptversammlung über Fragen der Geschäftsführung entscheiden?

Nein, im Grundsatz liegt dies allein beim Vorstand. Der Vorstand kann aber über Fragen der Geschäftsführung entscheiden, wenn der Vorstand dies verlangt (§ 119 Abs. 2 AktG). Dies wird er indes nur in besonders wichtigen Fällen und auch nur selten tun.

Wie wird man Aktionär einer Aktiengesellschaft?

Es gibt drei Wege, Aktionär einer AG zu werden:

- Übernahme von Aktien bei der Gründung der AG (§§ 2, 29 AktG)
- Zeichnung von neu ausgegebenen Aktien anlässlich einer Kapitalerhöhung (§§ 182 ff. AktG)
- Erwerb von Aktien.

Was ist eine Aktie und wie wird sie erworben?

Die Aktie ist ein Wertpapier. Zur Ausübung der aus der Aktie fließenden Rechte muss man grundsätzlich im Besitz der Aktien sein oder jedenfalls eine Hinterlegungsbescheinigung vorweisen können.

Aktien werden nach sachenrechtlichen Grundsätzen wie körperliche Gegenstände durch Übergabe und Übereignung übertragen. Heute hat dies jedoch nur untergeordnete Relevanz, wenn die Übertragung nach Maßgabe des DepotG erfolgt. Dann handelt eine beauftragte Bank als Kommissionär (§§ 383 ff. HGB). Der Aktienerwerb ist lediglich ein Buchungsvorgang zwischen Banken.

Was sind die wichtigsten Rechte eines Aktionärs?

Der Aktionär kann seine Verwaltungsrechte nur über die Hauptversammlung ausüben. Seine Stellung ist schwach ausgestaltet. In der Hauptversammlung hat er ein Recht auf Teilnahme und Stimmrecht, ein Informationsrecht und das Recht, Beschlüsse der Hauptversammlung anzufechten.

Wirtschaftliche Motivation für den Erwerb von Aktien ist das Recht auf Dividendenbezug (§ 58 Abs. 4 AktG). Eine weitere Möglichkeit des Vermögenszuwachses sind Wertgewinne der Aktie selbst.

Was ist eine GmbH?

Die GmbH ist eine juristische Person des Zivilrechts (§ 13 Abs. 1 GmbHG) und qua Rechtsform Handelsgesellschaft (§ 13 Abs. 3 GmbHG). Sie wird durch einen notariellen Gesellschaftsvertrag errichtet, dessen Mindestinhalt § 3 GmbHG vorgibt. Das Stammkapital beträgt grundsätzlich 25.000 €. Die GmbH ist in Deutschland stark verbreitet.

Was sind Gemeinsamkeiten und Unterschiede zwischen GmbH und AG?

Beide Gesellschaften sind Kapitalgesellschaften und als solche juristische Personen. Außerdem sind sie vom Prinzip der Fremdorganschaft bestimmt. Im Unterschied zur AG ist die GmbH aber kein Mittel zur Sammlung von Kapital. Sie ist viel personalistischer ausgestaltet und auf die einzelnen Gesellschafter ausgerichtet. Dementsprechend lässt das GmbHG auch mehr Flexibilität als das AktG zu.

Gibt es eine GmbH mit weniger als 25.000 € Stammkapital?

§ 5a GmbHG erlaubt die Gründung von GmbHs mit einem geringeren Stammkapital. Diese Gesellschaften müssen die Bezeichnung „Unternehmergesellschaft (haftungsbeschränkt)" oder „UG (haftungsbeschränkt)" in ihrer Firma führen. Die Gesellschaftsform ist für Existenzgründer geschaffen worden, die bis dahin oft auf ausländische Gesellschaftsformen (insb. englische Limited Company) ausgewichen sind. Sie müssen ¼ des Jahresüberschusses in eine gesetzliche Rücklage einstellen und sollen so das Mindestkapital einer GmbH ansparen.

Muss die Stammeinlage zur Eintragung der GmbH erbracht sein?

Stammeinlagen können in Geld oder als Sacheinlagen erbracht werden. Wenn die Einlage als Sacheinlage erbracht werden soll, muss dies im Gesellschaftsvertrag zugelassen sein (§ 5 Abs. 4 GmbHG). Die Geschäftsführer (§ 6 GmbHG) dürfen die Gesellschaft erst zum Handelsregister anmelden, wenn auf jede Stammeinlage mindestens ¼ erbracht ist und insgesamt 12.500 € eingezahlt wurden (§ 7 GmbHG).

Welche Entwicklungsstufen durchlebt die GmbH bis zu ihrer Entstehung?

Die GmbH entsteht mit der Eintragung in das Handelsregister (§ 11 Abs. 1 GmbHG). Bis dahin durchläuft sie folgende Entwicklungsstufen:

- **Vorgründungsgesellschaft:** Die Gesellschafter entscheiden, eine GmbH errichten zu wollen; die Vorgründungsgesellschaft wird wie eine Personengesellschaft (GbR oder OHG) behandelt.
- **Vor-GmbH:** Nachdem die Gesellschafter den Gesellschaftsvertrag notariell abgeschlossen haben, entsteht die Vor-GmbH; handeln Gesellschafter oder Geschäftsführer vor der Eintragung, haften diese selbst und unbeschränkt (§ 11 Abs. 2 GmbHG). Im Übrigen sind schon alle Regelungen anwendbar, welche auch auf die GmbH anzuwenden sind, soweit diese nicht die Eintragung voraussetzen.
- **GmbH:** Mit der Eintragung entsteht die GmbH. Sie ist Rechtsnachfolgerin der Vor-GmbH.

Wie haften GmbH und Gesellschafter?

Nach § 13 Abs. 2 GmbHG haftet den Gläubigern der Gesellschaft nur das Gesellschaftsvermögen. Es ist im Gesellschaftsvertrag festgeschrieben (§ 3 Abs. 1 Nr. 3 GmbHG). Wegen der besonderen Bedeutung ist es besonders geschützt durch Regeln zur Kapitalaufbringung und Kapitalerhaltung.

Was sind die wichtigsten Regeln zur Kapitalaufbringung?

Das Mindestkapital ist 25.000 € (§ 5 Abs. 1 GmbHG). Es kann in Bar- oder Sacheinlagen geleistet werden (§ 5 Abs. 4 GmbHG). Für überbewertete Sacheinlagen statuiert § 9 GmbHG eine Fehlbetragshaftung.

Die Einlagen müssen zur eigenen und freien Verfügung der Gesellschaft geleistet werden. Aufrechnung, Stundung und Erlass sind unzulässig (§ 19 GmbHG).

Wozu gibt es Regeln zur Kapitalerhaltung und wie lauten sie?

Die Regeln zur Kapitalerhaltung sollen gewährleisten, dass die Einlagen bei der GmbH verbleiben. So ist die Verteilung des Gewinns nur möglich, soweit das Stammkapital erhalten bleibt. § 31 GmbHG enthält eine Rückerstattungspflicht.

Im Falle verdeckter Sacheinlagen müssen die Gesellschafter u. U. Nachschüsse leisten (§ 19 Abs. 4 GmbHG).

Was ist eine verdeckte Sacheinlage?

Eine verdeckte Sacheinlage liegt vor, wenn eine Geldeinlage eines Gesellschafters bei wirtschaftlicher Betrachtung und aufgrund einer im Zusammenhang mit der Übernahme der Geldeinlage getroffenen Abrede vollständig oder teilweise als Sacheinlage zu bewerten ist (verdeckte Sacheinlage), § 19 Abs. 4 GmbHG.

Beispiel: *Gesellschafter A gewährt der GmbH eine Bareinlage von 25.000 €; am gleichen Tag kauft die GmbH seinen alten LKW zum Preis von 25.000 €, obwohl dieser nur 10.000 € wert war. Dies befreit den Gesellschafter nicht von seiner Einlageverpflichtung, die Leistung wird jedoch angerechnet (§ 19 Abs. 4 GmbHG).*

Was ist ein eigenkapitalersetzendes Darlehen?

Eigenkapital (Einlagen) wird im Insolvenzfalle immer nachrangig zurückgezahlt. Aus diesem Grund könnte ein Gesellschafter überlegen, seiner Gesellschaft ein Darlehen zu gewähren, um im Insolvenzfall wenigstens die Insolvenzquote zu erhalten.

Aus diesem Grund gibt es Regeln zu eigenkapitalersetzenden Darlehen (früher §§ 32a, 32b GmbHG, heute insb. §§ 39, 44a, 135, 143 InsO). Grundgedanke ist, dass Gesellschafter-Darlehen erst nachrangig – d. h. nach allen anderen Insolvenzgläubigern – befriedigt werden.

Was sind zwingende Organe einer GmbH?

Zwingende Organe der GmbH sind

- Geschäftsführer (§ 6 GmbHG)
- Gesellschafterversammlung (§ 48 GmbHG).

Das GmbHG erlaubt es, weitere Gremien einzurichten (z. B. Beirat).

Welche Funktion hat der Geschäftsführer?

Der Geschäftsführer ist das Geschäftsführungs- und Vertretungsorgan der Gesellschaft (§§ 35 ff. GmbHG). Die Vertretungsmacht ist nach außen nicht beschränkbar (§ 37 Abs. 2 GmbHG). Er muss kein Gesellschafter sein (Prinzip der Fremdorganschaft). Der Geschäftsführer ist auch gesetzlicher Vertreter einer Vor-GmbH.

Die nähere Ausgestaltung der Rolle des Geschäftsführers erfolgt im Gesellschaftsvertrag. Es gibt keine strikte Aufgabenverteilung wie bei der AG. Wenn nichts Näheres geregelt ist, stehen dem Geschäftsführer alle Geschäftsführungsrechte und -pflichten zu. Insbesondere ist es aber zulässig, dass sich Gesellschafter bestimmte Geschäfte vorbehalten oder von ihrer Zustimmung abhängig machen.

Was muss der Geschäftsführer tun, wenn ein Insolvenzgrund vorliegt?

Wenn ein Insolvenzgrund vorliegt, muss der Geschäftsführer einer GmbH einen Antrag auf Eröffnung des Insolvenzverfahrens stellen (§§ 13, 16 ff. InsO). Beantragt er nicht rechtzeitig die Eröffnung des Insolvenzverfahrens, kommt eine persönliche Haftung des Geschäftsführers für Zahlungen der Gesellschaft in Betracht (§ 64 GmbHG). Ziel der Regelung ist es, die Insolvenzmasse zu schützen.

Was ist die Gesellschafterversammlung?

Die Gesellschafter einer GmbH fassen Beschlüsse in den sog. Gesellschafterversammlungen (§ 48 GmbHG). Im Unterschied zur AG besteht zwischen Gesellschafterversammlung und Geschäftsführungs- und Vertretungsorgan (Geschäftsführer) ein Über-/Unterordnungsverhältnis. Die Gesellschafterversammlung ist den Geschäftsführern gegenüber weisungsbefugt (§§ 37, 45, 46 Nr. 6 GmbHG). Dies ist Ausdruck der personalistischen Struktur der GmbH.

Was sind die wichtigsten Aufgaben der Gesellschafterversammlung?

Die Aufgaben der Gesellschafterversammlung sind in §§ 46 ff. GmbHG geregelt:

- Feststellung des Jahresabschlusses und die Verwendung des Ergebnisses
- Einforderung von Einzahlungen auf die Stammeinlagen
- Rückzahlung von Nachschüssen
- Bestellung und Abberufung von Geschäftsführern
- Entlastung der Geschäftsführer
- Prüfung und Überwachung der Geschäftsführer.

Welche Rolle haben die Gesellschafter einer GmbH?

Gesellschafter halten einen Anteil an einer GmbH (Stammeinlage). Aus der gesellschaftsrechtlichen Beteiligung folgen bestimmte Mitgliedschaftsrechte, insbesondere ein Stimmrecht in den Gesellschafterversammlungen (§§ 45 ff. GmbHG) und Vermögensrechte (z. B. Teilhabe am Jahresgewinn, § 29 GmbHG). Nach der Höhe der Stammeinlage bemisst sich i. d. R. das Stimmrecht eines Gesellschafters (§ 47 Abs. 2 GmbHG).

Sind Anteile an einer GmbH übertragbar?

Ja, gem. § 15 Abs. 1 GmbHG sind Anteile veräußerlich. Sie sind nicht-verbriefte Rechte und werden daher gem. §§ 398, 413 BGB abgetreten. Hierzu ist notarielle Form erforderlich (§ 15 Abs. 2, 3 GmbHG). GmbH-Anteile sind also nicht so einfach wie Aktien übertragbar.

Was ist eine GmbH & Co. KG?

Die GmbH & Co. KG wird oft als Mischung zwischen Personen- und Kapitalgesellschaft bezeichnet. Dies trifft zu, verdeckt jedoch, dass es sich um eine Kommanditgesellschaft handelt, deren (einziger) persönlich haftender Gesellschafter eine GmbH ist.

Was ist eine Ein-Personen GmbH & Co. KG?

Es handelt sich um eine GmbH & Co. KG, bei der der Kommanditist zugleich Gesellschafter (und oft auch Geschäftsführer) der Komplementär-GmbH ist.

Was ist eine stille Gesellschaft?

Die stille Gesellschaft ist eine reine Innengesellschaft. Sie ist in §§ 230 ff. HGB geregelt. Der sog. stille Gesellschafter beteiligt sich lediglich mit einer Geldanlage am Handelsunternehmen eines anderen Kaufmanns. Es kann sich dabei um ein Einzelunternehmen, eine Personenhandelsgesellschaft oder eine Kapitalgesellschaft handeln. Der stille Gesellschafter ist nicht zur Mitarbeit verpflichtet. Vorteil ist, dass der Inhaber des Handelsunternehmens Kapital akquirieren kann, ohne dass der Kapitalgeber Einfluss auf die Geschäftsführung hat. Der stille Gesellschafter nimmt in der Regel an Gewinnen und Verlusten teil. Nach außen haftet er nicht.

Was ist eine Kommanditgesellschaft auf Aktien (KGaA)?

Bei der KGaA handelt es sich um eine Mischung aus Aktiengesellschaft und Kommanditgesellschaft. Sie ist in §§ 278 ff. AktG geregelt. Die sog. Kommanditaktionäre sind mit Aktionären einer AG vergleichbar. Mit der Geschäftsführung und Vertretung ist der Komplementär betraut. Auf ihn finden die Vorschriften des HGB Anwendung.

Was ist eine SE (Europäische Aktiengesellschaft)?

Es handelt sich bei der SE nicht um eine Aktiengesellschaft, deren Sitz und Geschäftsführung in Europa ist. Sie ist vielmehr eine Gesellschaft auf europarechtlicher Grundlage. Ihre Sitzverlegung zwischen Mitgliedsstaaten der Europäischen Union ist möglich. Ihr Grundkapital ist 120.000 €; sie ist von ihrer Struktur her mit einer AG vergleichbar.

Was ist ein Konzern?

Ein Konzern ist eine Gruppe von Unternehmen, die wirtschaftlich voneinander abhängig sind. Es gibt spezielle Regelungen (§§ 15 ff., 291 ff. AktG), das sog. Konzernrecht, weil abhängige von beherrschenden Unternehmen dominiert werden. Die besonderen Regeln sollen verhindern, dass außenstehende Gesellschafter (Minderheitsgesellschafter) oder Gläubiger dadurch benachteiligt werden.

Welche Arten von Konzernen gibt es?

Es gibt

- Vertragskonzerne (§§ 291 – 310 AktG)
- Faktische Konzerne (§ 311 – 318 AktG)
- Konzerne kraft Eingliederung (§§ 319 – 327 AktG).

Welche Vorschriften nennt man Handelsrecht?

Große Teile des Handelsrechts sind im Handelsgesetzbuch (HGB) – insb. im 1. und 4. Buch – geregelt. Darüber hinaus ist Handelsrecht in sog. Nebengesetzen geregelt, insbesondere im

- Scheckgesetz (ScheckG),
- Wechselgesetz (WG),
- Gesetz gegen den unlauteren Wettbewerb (UWG) und
- Gesetz gegen Wettbewerbsbeschränkungen.

Weiterhin zählen Handelsgewohnheitsrecht und der sog. Handelsbrauch (§ 346 HGB) zum Handelsrecht. Das HGB enthält auch Vorschriften, die nicht zum Handelsrecht gehören.

Welche Stellung hat das Handelsrecht in der Rechtsordnung?

Handelsrecht zählt im Wesentlichen zum Privatrecht. Teile des Handelsrechts zählen jedoch zum öffentlichen Recht (z. B. Handelsregisterrecht). Privatrecht regelt das Verhältnis zwischen verschiedenen Rechtssubjekten im Gleichordnungsverhältnis. Im Unterschied dazu sind Rechtsverhältnisse im öffentlichen Recht vom Prinzip der Über- und Unterordnung geprägt.

Beispiel: *Privatmann P bestellt bei einem Onlinekaufhaus Waren. Die beiden Rechtssubjekte agieren in einem Gleichordnungsverhältnis miteinander.*

Beispiel: *Das Finanzamt erlässt einen Steuerbescheid (Verwaltungsakt) gegenüber P. Es handelt sich um ein öffentlich-rechtliches Rechtsverhältnis, dass vom Verhältnis der Überordnung der Behörde über P gekennzeichnet ist.*

Was sind Beispiele für öffentlich-rechtliche Vorschriften im HGB?

- Pflicht, bestimmte Tatsachen zum Handelsregister anzumelden (§§ 12, 29 HGB)
- Pflicht, die Firma („Name des Handelsgeschäfts“) in bestimmter Form zu führen (§§ 18 ff. HGB)
- Mindestangaben auf Geschäftsbriefen (§ 37a HGB)
- Anwendung einer kaufmännischen Buchführung (§§ 238 ff. HGB)

Gibt es auch privatrechtliche Vorschriften im HGB, die nicht zum Handelsrecht gehören?

Ja, beispielsweise enthält das HGB Regelungen des Gesellschaftsrechts (§§ 105 ff., 161 ff., 230 ff. HGB) und zum Teil des Arbeitsrechts (§§ 59 ff. HGB).

Für wen gilt das Handelsrecht?

Das Handelsrecht ist das sog. Sonderprivatrecht der Kaufleute. Wer Kaufmann ist, regelt das HGB (§§ 1 – 7 HGB). Das Handelsrecht gilt jedoch nicht nur für Gewerbetreibende, die im Handel tätig sind, sondern auch für den Hersteller von Produkten. Handelsrecht ist daher das Sonderprivatrecht der Gewerbetreibenden. Klein- und Kleinstunternehmer sind jedoch ausgenommen.

Unterliegen Steuerberater dem Handelsrecht?

Maßgeblich für die Anwendung des Handelsrechts ist nicht der Unternehmerbegriff i. S. v. § 14 BGB, sondern der Kaufmannsbegriff (§§ 1 – 7 HGB). Das Handelsrecht gilt daher nicht für freiberuflich tätige Personen wie Steuerberater, Rechtsanwälte, Ärzte oder Architekten.

Wie entwickelte sich das Handelsrecht?

Das Handelsrecht entstand im 19. Jahrhundert, weil das damals geltende bürgerliche Recht den Bedürfnissen des Handelsverkehrs nicht genügte und zudem zersplittert war. Die erste Kodifikation erfolgte 1861 mit dem Allgemeinen Deutschen Handelsgesetzbuch. Es wurde in den meisten deutschen Staaten parallel erlassen. Im Zuge der Entwicklung des BGB wurde es überarbeitet. So trat das HGB neben dem BGB am 1. 1. 1900 in Kraft. Viele Regelungen bestehen – zum Großteil unverändert – noch heute.

Wie verhalten sich BGB und HGB zueinander?

Im Grundsatz gilt auch zwischen Kaufleuten das BGB. Stellenweise trifft das HGB allerdings Sonderregeln, die dann die Regelungen des HGB verdrängen. Enthält das Handelsrecht keine Sondervorschriften, gelten die allgemeinen zivilrechtlichen Bestimmungen des BGB.

Das HGB verdrängt das BGB stellenweise, wenn es Sonderregeln enthält. Nennen Sie ein Beispiel!

Beispiel: *Grundsätzlich kann der Käufer Mängel an gekauften Sachen binnen zwei Jahren nach Ablieferung der Sache geltend machen (§ 438 Abs. 1 Nr. 3, Abs. 2 BGB). Ist der Kauf jedoch für beide Teile ein Handelsgeschäft, so muss der Käufer die Ware unverzüglich untersuchen und eventuelle Mängel anzeigen. Anderenfalls gilt die Ware als genehmigt, der Käufer kann den Mangel grds. nicht mehr geltend machen (§ 377 Abs. 1, 2 HGB). Die Vorschrift soll dem Bedürfnis nach Einfachheit und Schnelligkeit des Handelsverkehrs Rechnung tragen.*

Beispiel: *Bürgschaftserklärungen müssen grundsätzlich in Schriftform erteilt werden (§ 766 Satz 1 BGB). Anderenfalls ist die Bürgschaftserklärung formunwirksam (§ 125 BGB). Ist die Bürgschaftserklärung jedoch für den Bürgen ein Handelsgeschäft, gilt die Formvorschrift des BGB nicht (§ 350 HGB). Auch eine mündliche Bürgschaftserklärung kann daher abweichend von § 766 Satz 1 BGB wirksam sein.*

Wie ist das Handelsrecht innerhalb eines Falls zu prüfen?

Es gibt keine „reinen“ handelsrechtlichen Fälle. In der Fallprüfung ist i. d. R. anhand normaler bürgerlich-rechtlicher Vorschriften zu prüfen. Diese werden jedoch stellenweise durch das Handelsrecht modifiziert. Die Frage, ob einer der Beteiligten Kaufmann ist, ist z. B. nur zu prüfen, wenn daran besondere Rechtsfolgen anknüpfen.

Wie ist das HGB aufgebaut?

Das HGB ist in fünf Bücher gegliedert, nämlich

1. Buch: Handelsstand

2. Buch: Handelsgesellschaft und stille Gesellschaft

3. Buch: Handelsbücher

4. Buch: Handelsgeschäfte

5. Buch: Seehandel

Tipp: *Überfliegen Sie bei Ihnen unbekannten Gesetzen einmal das Inhaltsverzeichnis. So bekommen Sie einen ersten Überblick über die Regelungsbereiche des jeweiligen Gesetzes und die Systematik. Das erleichtert – auch in der mündlichen Prüfung – eine schnelle Orientierung.*

Was ist Handelsgewohnheitsrecht?

nwb

Handelsgewohnheitsrecht hat sich durch langandauernde Übung und Bildung der allgemeinen Überzeugung von seiner Rechtmäßigkeit entwickelt.

Beispiel: *Wer durch sein Auftreten den Anschein erweckt, er sei Kaufmann (sog. Scheinkaufmann), muss sich gegenüber einem gutgläubigen Dritten an diesem Rechtsschein festhalten lassen.*

Was versteht man unter Handelsbrauch?

nwb

Bei Handlungen des Kaufmanns (insbesondere der Auslegung von Willenserklärungen) sind die sog. Handelsbräuche zu beachten. Dies sind die „im Handelsverkehr geltenden Gewohnheiten und Gebräuche“ (§ 346 HGB). Die Handelsbräuche gelten üblicherweise nicht für alle Kaufleute, sondern nur für einzelne Geschäftszweige. Die Herausbildung eines Handelsbrauchs benötigt eine gewissen Zeitraum, die Zustimmung aller Beteiligten und eine tatsächliche Übung.

Beispiel: *Handelsbrauch ist, Sonderverpackung gesondert zu berechnen.*

Warum gibt es das Handelsrecht als „Sonderprivatrecht“ der Kaufleute?

Bei Kaufleuten setzt man eine gewisse Professionalität im Rechtsverkehr voraus. Daher sorgt das HGB für eine rasche Abwicklung der Geschäfte (z. B. unverzügliche Mängelrüge), binden den Kaufmann an Bräuche und Gepflogenheiten (§ 346 HGB), unterstellt grds. einen Entgeltanspruch (§ 354 HGB) und legt großen Wert auf Vertrauensschutz.

Nennen Sie Beispiele für das Sonderprivatrecht der Kaufleute gegenüber den allgemeinen Regeln.

Im Handelsrecht gelten besondere Regeln über die Vollmacht, nämlich Prokura (§§ 48 – 53 HGB), Handlungsvollmacht (§§ 54, 55 HGB) und eine besondere Rechtsscheinregel für Ladenangestellte (§ 56 HGB). Diese Regeln gelten vorrangig gegenüber den §§ 164 ff. BGB.

Weitere Beispiele:

- Besondere Regelungen für Handelspersonengesellschaften (§§ 105 ff. HGB), die vorrangig gegenüber §§ 705 ff. BGB gelten
- Besondere Regeln über den Handelskauf (§§ 373 ff. HGB), die vorrangig gegenüber §§ 433 ff. BGB gelten.

Welche Funktion hat das Handelsrecht?

Das „normale“ bürgerliche Recht reicht nicht aus, um den Bedürfnissen des Kaufmanns gerecht zu werden. Die besonderen Bedürfnisse des Rechtsverkehrs unter Kaufleuten ergeben sich daraus, dass Kaufleute eine Vielzahl von Geschäften abschließen und durchführen. Das Sonderrecht muss daher erhöhter Schnelligkeit, Einfachheit und Klarheit beim Abschluss von Geschäften Rechnung tragen.

Warum werden Kaufleute im Vergleich zu Nichtkaufleuten vom Recht weniger geschützt?

Das Handelsrecht erleichtert den Rechtsverkehr unter Kaufleuten, indem es vielfach Schutzvorschriften für unanwendbar erklärt (z. B. gilt das Schriftlichkeitserfordernis gem. § 766 Satz 1 BGB gem. § 350 HGB nicht). Das Handelsrecht unterstellt, dass der Kaufmann in der Abwicklung seiner Geschäfte „professioneller" ist. Es verlangt ein höheres Maß an Pflichten, Sorgfalt und Erfahrung.

Was ist ein Handelsgeschäft?

Handelsgeschäfte sind alle Geschäfte eines Kaufmanns, die zum Betrieb seines Handelsgewerbes gehören (§ 343 HGB). Geschäfte in diesem Sinne sind Rechtsgeschäfte und rechtsgeschäftsähnliche Handlungen sowie Unterlassungen (z. B. Mahnung, Leistung und ihre Annahme, Schweigen im Handelsverkehr, Geschäftsführung ohne Auftrag). Sie gehören zum Betrieb des Handelsgewerbes, wenn sie dem Interesse des Handelsgeschäfts dienen.

Warum ist es wichtig, ob ein Geschäft des Kaufmanns ein Handelsgeschäft ist?

Das Handelsrecht ist nur anwendbar, wenn das betreffende Geschäft des Kaufmanns ein Handelsgeschäft ist.

Beispiel: *Der Porzellanhändler P kauft einen Wandteppich für seine Privatwohnung. Weil das Geschäft nicht zu seinem Handelsgewerbe gehört, ist insoweit das Handelsrecht nicht anwendbar. Für dieses Geschäft gilt die sog. handelsrechtliche Rügeobliegenheit nicht (§ 377 HGB).*

Wer muss beweisen, dass es sich um ein Handelsgeschäft handelt?

Im Zivil(prozess)recht muss grundsätzlich derjenige die für ihn günstigen Tatsachen beweisen, der sich auf diese beruft. Beruft sich also ein Geschäftspartner des Kaufmanns auf das Handelsrecht, müsste er grds. beweisen, dass es sich für den Kaufmann um ein Handelsgeschäft handelt. Dies ist im Einzelfall schwierig. Aus diesem Grunde stellt § 344 Abs. 1 HGB die Vermutung auf, dass die von einem Kaufmann vorgenommenen Geschäfte im Zweifel zum Betrieb seines Handelsgewerbes gehören. Der Kaufmann kann aber das Gegenteil beweisen.

Wie gewährleistet das Handelsrecht die Schnelligkeit des Rechtsverkehrs unter Kaufleuten?

Da Kaufleute viele Rechtsgeschäfte abschließen, muss die Abwicklung schnell und einfach gehen. Aus diesem Grund sieht das HGB bestimmte Sorgfaltspflichten und Obliegenheiten für Kaufleute vor.

- Schweigen eines Kaufmanns kann als vertragsbegründende Zustimmung gelten (§ 362 HGB im Unterschied zu § 663 BGB)
- Unterlassen einer unverzüglichen Rüge führt zum Verlust der Mängelrechte (§ 377 Abs. 1, 2 HGB im Unterschied zu § 438 Abs. 1 Nr. 3, Abs. 2 BGB).

Im Handelsrecht gilt der Grundsatz der Entgeltlichkeit. In welchen Regelungen kommt dies zum Ausdruck?

- **§ 354 HGB:** Wer in Ausübung seines Handelsgewerbes für andere Geschäfte besorgt oder Dienste leistet, kann dafür auch ohne Verabredung eine Provision verlangen (vgl. im Unterschied dazu § 612 BGB).
- **§§ 87, 99 HGB:** Sog. kaufmännische Hilfspersonen (Handelsvertreter, Handelsmakler) können auch ohne besondere Vereinbarung eine Vergütung verlangen.

Das Handelsrecht unterstellt eine besondere Geschäftserfahrenheit der Kaufleute. Wie kommt dies zum Ausdruck?

Im Handelsrecht gelten zahlreiche Schutzvorschriften nicht, die sonst Nichtkaufleute vor Übervorteilung und unüberlegten Entscheidungen schützen sollen.

Beispiele:

- Bürgschaftserklärungen bedürfen nicht der Schriftform (§ 350 HGB statt § 766 BGB).
- Keine Einrede der Vorausklage (§ 349 HGB gegenüber § 771 BGB).
- Freie Gerichtsstandsvereinbarung (§ 38 ZPO).

Was ist die Einrede der Vorausklage?

Im Rahmen einer Bürgschaft verpflichtet sich der Bürge gegenüber einem Gläubiger eines Dritten, für die Verbindlichkeit dieses Dritten einzustehen (§ 765 BGB). Ohne besondere Vereinbarung kann der Gläubiger des Dritten (Hauptschuldner) den Bürgen jedoch erst in Anspruch nehmen, wenn er die Zwangsvollstreckung gegen den Hauptschuldner erfolglos versucht hat. Ist die Bürgschaft jedoch für den Bürgen ein Handelsgeschäft, kann der Dritte auf den Bürgen direkt zugreifen.

Nennen Sie Beispiele für Schutzvorschriften, die für Kaufleute nicht gelten.

- **§ 310 Abs. 1 BGB:** Auf Allgemeine Geschäftsbedingungen (AGB), die gegenüber Unternehmern verwendet werden, finden Vorschriften zur inhaltlichen Kontrolle der einzelnen AGB (§§ 308, 309 BGB) keine Anwendung.
- **§ 491 BGB:** Besondere Vorschriften für Verbraucherdarlehensverträge gelten nicht.
- **§ 474 BGB:** Bestimmte Regelungen sind für Unternehmer, anders als beim sog. Verbrauchsgüterkauf, abdingbar (z. B. § 476 BGB).
- **§ 38 Abs. 1 ZPO:** Im Unterschied zu Nichtkaufleuten kann der Kaufmann einen anderen als seinen gesetzlichen Gerichtsstand vereinbaren, obwohl ihm dies potenziell Nachteile bringen mag.

Das HGB verwendet den Begriff Kaufmann, das BGB hingegen spricht von Unternehmer (§ 14 BGB). Sind die Begriffe deckungsgleich?

Es gibt Überschneidungen, aber die Begriffe sind nicht deckungsgleich. Der Unternehmer i. S. v. § 14 BGB ist eine Person (oder Personengesellschaft), die bei Abschluss eines Rechtsgeschäfts in Ausübung ihrer gewerblichen oder selbstständigen beruflichen Tätigkeit handelt. Die Vorschrift erfasst also Kaufleute („gewerbliche Tätigkeit“) wie auch Freiberufler (Steuerberater, Rechtsanwälte, Architekten, Ärzte).

Was ist der Gegenbegriff zum Unternehmer (§ 14 BGB)?

Der „Verbraucher" i. S. v. § 13 BGB ist jede natürliche Person, die ein Rechtsgeschäft zu Zwecken abschließt, die überwiegend weder ihrer gewerblichen noch ihrer selbstständigen beruflichen Tätigkeit zurechnet werden können.

Was ist die Rechtsfolge, wenn ein Unternehmer (§ 14 BGB) mit einem Verbraucher (§ 13 BGB) ein Rechtsgeschäft abschließt?

Es gelten bestimmte Vorschriften, die den Verbraucher gegenüber dem – unterstellt – geschäftserfahrenen Unternehmer schützen (z. B. §§ 474 - 479 BGB mit Regeln zum Verbrauchsgüterkauf).

Welche Sonderformen der Vollmacht gibt es im Handelsrecht?

nwb

- **§ 49 HGB:** Prokura
- **§ 54 HGB:** Handlungsvollmacht
- **§ 56 HGB:** Rechtsscheinregelung für Ladenangestellte

Warum gibt es die besonderen handelsrechtlichen Vollmachten?

Unter Nichtkaufleuten ist die Vertretungsmacht eines Vertreters von der Vereinbarung zwischen Vollmachtgeber und Vertreter abhängig. Man muss also grds. im Einzelfall prüfen, was der Vertreter darf. Dies wird für den handelsrechtlichen Verkehr als zu unpraktisch angesehen. Daher gibt es bestimmte Typen von Vollmachen, deren Reichweite durch das Gesetz bestimmt wird.

Was ist Prokura?

Es handelt sich um eine gesetzlich bestimmte Form der Vertretungsmacht. Nach § 49 HGB ist der Prokurist „zu allen Arten von gerichtlichen und außergerichtlichen Geschäften und Rechtshandlungen ermächtigt, die der Betrieb eines Handelsgewerbes mit sich bringt“. Eine Ausnahme sind Grundstücksgeschäfte.

Kann die Prokura im Außenverhältnis beschränkt werden?

Die Reichweite der Vollmacht gegenüber Dritten ist unwirksam (§ 50 Abs. 1 HGB). Obwohl im Innenverhältnis die Vertretungsmacht beschränkt sein kann, ist dies gegenüber Dritten nicht wirksam.

Beispiel: *Kaufmann K weist den Prokuristen P an, ohne seine Zustimmung keine Geschäfte über 5.000 € zu tätigen. Tut P dies trotzdem, hat die Beschränkung im Innenverhältnis keine Auswirkungen auf den Vertrag mit dem Vertragspartner. K muss die Erklärung des P also gegen sich gelten lassen.*

Was bedeutet Handlungsvollmacht?

§ 54 HGB (sog. Handlungsvollmacht) ist im Vergleich zur Prokura eine weniger weitreichende Form der handelsrechtlichen Vollmacht. Ist jemand ohne Erteilung der Prokura zum Betrieb eines Handelsgewerbes oder zur Vornahme einer bestimmten zu einem Handelsgewerbe gehörigen Art von Geschäften ermächtigt, so erstreckt sich die Vollmacht im Zweifel auf alle Geschäfte und Rechtshandlungen, die der Betrieb eines derartigen Handelsgewerbes mit sich bringt.

Auch hier wird das Innenverhältnis um Außenverhältnis ignoriert, wenn dem Geschäftspartner nichts anderes bekannt ist (§ 54 Abs. 3 HGB).

Nennen Sie ein Beispiel für die Wirkweise der Handlungsvollmacht.

Kaufmann K bestellt H für den Wareneinkauf in seinem Baustoffunternehmen. Im Innenverhältnis ist vereinbart, dass H ab einer Wertgrenze von 10.000 € mit K Rücksprache halten muss. Da aber auch Wareneinkäufe über 10.000 € Geschäfte sind, welche der Betrieb eines Baustoffunternehmens „gewöhnlich" mit sich bringt, ist die Beschränkung im Innenverhältnis Dritten gegenüber i. d. R. unwirksam.

Wann ist die Beschränkung einer Handlungsvollmacht Dritten gegenüber wirksam?

Nur, wenn der Dritte die Beschränkung kannte oder kennen musste (§ 54 Abs. 3 HGB). Dann ist der Dritte nicht schutzwürdig.

Kann auch eine Prokura in der Reichweite beschränkt sein, wenn Dritte eine Beschränkung im Innenverhältnis kennen?

Eine Beschränkung des Umfangs der Prokura ist grds. unwirksam (§ 50 HGB). Dies gilt nur in sehr engen – von der Rechtsprechung zugelassenen – Ausnahmekonstellationen nicht. Ausnahmekonstellationen liegen bei einem krassen Missbrauch der Prokura vor („massive Verdachtsmomente voraussetzende Evidenz des Missbrauchs"; BGH, Urteil vom 29. Juni 1999 – XI ZR 277/98, NJW 1999, 2883).

Was versteht man unter Transparenz des Handelsverkehrs?

Kaufleute müssen sich zur reibungslosen Abwicklung der Geschäfte zuverlässig über ihre (kaufmännischen) Geschäftspartner informieren können. Daher sind Rechtsklarheit, Verkehrssicherheit und Vertrauensschutz wichtige Voraussetzungen für einen ordnungsgemäßen Geschäfts- und Warenverkehr. Hierzu ist insbesondere das Handelsregister eingerichtet. Auf die Eintragungen kann sich der Rechtsverkehr grundsätzlich „verlassen", auch wenn die tatsächliche Lage von der Eintragung abweicht.

Wie gewährleistet das Handelsrecht die Schnelligkeit des kaufmännischen Geschäftsverkehrs?

Um eine schnelle (endgültige) Geschäftsabwicklung sicherzustellen, wirkt das Handelsrecht – wo es geht – Verzögerungen und Schwebezuständen entgegen.

Beispiele:

- **Handelsrechtliche Rügeobliegenheit (§ 377 HGB):** Zeigt der Kaufmann Mängel nicht unverzüglich an, verliert er seine diesbezüglichen Rechte.
- **Schweigen als Willenserklärung (z. B. § 362 HGB):** Wenn ein Geschäftspartner den Kaufmann um eine Geschäftsbesorgung bittet (z. B. per Fax, E-Mail), ist der Kaufmann zur unverzüglichen Antwort verpflichtet. Antwortet er nicht, gilt sein Schweigen als Annahme und er ist zur Geschäftsbesorgung verpflichtet.

Wie wird man Kaufmann?

Kaufmann wird man nicht, indem man einen gewissen Bildungsabschluss erreicht (z. B. Diplom-Kaufmann), sondern indem man die Tatbestandsvoraussetzungen einer Vorschrift in § 1 – 7 HGB erfüllt.

Ist jeder, der ein einen Gewerbebetrieb betreibt, ein Kaufmann?

Nein. Jemand ist nur dann Kaufmann i. S. d. HGB, wenn er die gesetzlichen Voraussetzungen der Kaufmannseigenschaft erfüllt.

Warum ist die Kaufmannseigenschaft für das Handelsrecht so wichtig?

Die Vorschriften des HGB sind das sog. Sonderprivatrecht der Kaufleute. Sie sind nur anzuwenden, wenn mindestens ein Beteiligter Kaufmann i. S. d. HGB ist. Die Kaufmannseigenschaft mindestens eines Beteiligten ist also Voraussetzung für die Anwendung des Handelsrechts (bzw. des HGB).

Welche beiden Oberbegriffe von Kaufleuten gibt es?

- Kaufmann kraft Rechtsform (§ 6 HGB)
- Kaufmann kraft Handelsgewerbe (§ 1 Abs. 1 HGB)

Wer kann überhaupt Kaufmann sein (sog. Kaufmannsfähigkeit)?

- Kann Kaufmann i. S. d. HGB sein
  - Natürliche Personen
  - Juristische Personen des Privatrechts und des öffentlichen Rechts (teilweise „automatisch“ aufgrund der Rechtsform)
  - Personenhandelsgesellschaft (OHG und KG)
  - Europäische Wirtschaftliche Interessengemeinschaft
- Kann kein Kaufmann i. S. d. HGB sein
  - Nicht-rechtsfähiger Verein
  - BGB-Gesellschaft (wird bei Vorliegen der Kaufmanns-Voraussetzungen zur OHG)
  - Erbengemeinschaft
  - Stille Gesellschaft
  - Partnerschaftsgesellschaft

Wie ordnet sich der Kaufmannsbegriff in das System der Erwerbstätigkeit ein?

Erwerbstätigkeit (planmäßige Tätigkeit mit Gewinnerzielungsabsicht)

Selbstständige Tätigkeit	nichtselbstständige Tätigkeit (= Arbeitnehmer)

Gewerblicher Bereich außer Landwirtschaft	nicht-gewerblicher Bereich (insb. freie Berufe)
→ **Kaufmann**	→ **Kein Kaufmann**

Welche Arten von Kaufleuten gibt es?

§ 1 HGB	Ist-Kaufmann	Handelsgewerbe wird betrieben
§ 2 HGB	Kann-Kaufmann	Kein Handelsgewerbe, aber Eintragung in das Handelsregister
	Scheinkaufmann	Jemand erweckt den Anschein, Kaufmann zu sein, obwohl dies nicht stimmt
§ 6 HGB	Formkaufmann	Bestimmte Kapitalgesellschaften sind qua Rechtsform Kaufmann (z. B. GmbH, § 13 Abs. 3 GmbHG)

Was ist ein Formkaufmann?

Für bestimmte Personen- und Kapitalgesellschaften ordnet das Gesetz (§ 6 Abs. 2 HGB in Verbindung mit dem jeweiligen „Spezialgesetz“) an, dass diese allein aufgrund ihrer Rechtsform als Kaufleute gelten (sog. Handelsgesellschaften).

Wieso nimmt § 6 Abs. 2 HGB Vereine in Bezug?

Mit „Verein" meint das Gesetz körperschaftlich strukturierte Vereinigungen, d. h. Körperschaften. Der (eingetragene) Verein ist die Grundform aller juristischen Personen. Diese sind nach § 6 Abs. 2 HGB Kaufmann, wenn ihnen das (jeweilige) Spezialgesetz die Rechte und Pflichten eines Kaufmanns beilegt.

Welche juristischen Personen sind Formkaufleute?

- GmbH (§ 13 Abs. 3 GmbHG)
- AG (§ 3 Abs. 1 AktG)
- KGaA (§ 278 Abs. 3 AktG)
- Europäische Gesellschaft (SE) (§ 3 SCEAG)
- Eingetragene Genossenschaft (eG) (§ 17 Abs. 2 GenG)

Gibt es auch juristische Personen, die nicht aufgrund ihrer Rechtsform Kaufleute sind?

Ja, beispielswiese sind eingetragene Vereine oder Stiftungen nur Kaufleute, wenn die weiteren Voraussetzungen der §§ 1 ff. HGB vorliegen. Dies wird nur ausnahmsweise der Fall sein.

Ist der Vorstand einer AG Kaufmann kraft Rechtsform?

Nein. Kaufmann kraft Rechtsform ist nur die Gesellschaft selber, nicht aber Vorstandsmitglieder, Geschäftsführer, Gesellschafter oder Aktionäre.

Sind OHG und KG Formkaufleute?

OHG und KG sind nicht von § 6 Abs. 2 HGB erfasst, weil sie keine „Vereine“ (körperschaftlich strukturierte Vereinigungen) sind. Sie sind Kaufleute aufgrund des Handelsgewerbes, welches sie betreiben (vgl. § 105 HGB, § 161 HGB).

Können andere Personengesellschaften (GbR, stille Gesellschaft, Partnerschaftsgesellschaft) Kaufleute sein?

Nein. Der Unterschied zu KG und OHG ist, dass diese Gesellschaften kein Handelsgewerbe betreiben. Dies ist insbesondere der Fall, wenn die Gesellschaft nicht mit Gewinnerzielungsabsicht handelt oder nicht als Anbieter am Markt auftritt.

Ist eine bloß vermögensverwaltende Kommanditgesellschaft Handelsgesellschaft? Immerhin betreibt sie kein Handelsgewerbe!

Ja. Dies ergibt sich aus einer Sonderregel in § 105 Abs. 2 HGB, die aufgrund eines Verweises in § 161 Abs. 2 HGB auch für die KG gilt. Danach ist eine Gesellschaft, deren Gewerbebetrieb kein Handelsgewerbe ist oder die nur eigenes Vermögen verwaltet, Handelsgesellschaft, wenn die Firma des Unternehmens in das Handelsregister eingetragen ist.

Fall: A und B möchten in Immobilien investieren. Sie schließen sich zu einer Gesellschaft zusammen, die Immobilien kauft, vermietet und verwaltet. Nach dem Gesellschaftsvertrag hat jeder Gesellschafter Einzelvertretungsmacht. Zur Sicherung der Ansprüche eines Warenlieferanten gegenüber einem Handwerker, der für die Gesellschaft tätig ist, gibt A mündlich eine Bürgschaftserklärung für die Gesellschaft ab. Ist diese wirksam?

Grundsätzlich ist zur Wirksamkeit einer Bürgschaftserklärung die schriftliche Erteilung der Bürgschaftserklärung erforderlich (§ 766 Satz 1 BGB). Dies ist ausnahmsweise nicht der Fall, wenn für den Bürgen ein Handelsgeschäft vorliegt. Dazu ist in einem ersten Schritt zu prüfen, ob die Gesellschaft Kaufmann ist. Eine Gesellschaft, die nur eigenes Vermögen verwaltet, ist allerdings nur dann Kaufmann, wenn die Firma in das Handelsregister eingetragen ist (§ 105 Abs. 2 Satz 1 HGB). Dies ist hier nicht der Fall. Die Bürgschaftserklärung ist also formnichtig (§ 125 BGB).

Was geschieht mit einer GbR, die ein Handelsgewerbe betreibt?

Eine GbR, die ein Handelsgewerbe betreibt, wird dadurch automatisch zur OHG. Auf eine Eintragung in das Handelsregister kommt es nicht an. Diese hat lediglich klarstellende (deklaratorische) Bedeutung.

Was ist ein Ist-Kaufmann?

Ein Ist-Kaufmann ist nach § 1 Abs. 1 HGB, wer ein Handelsgewerbe betreibt. Allein aufgrund des Betreibens des Handelsgewerbes ist die Person Kaufmann. Es kommt nicht darauf an, ob er in das Handelsregister eingetragen ist.

Was ist ein Handelsgewerbe?

Nach der gesetzlichen Definition in § 1 Abs. 2 HGB ist ein Handelsgewerbe jeder Gewerbebetrieb, es sei denn, dass das Unternehmen nach Art oder Umfang einen in kaufmännischer Weise eingerichteten Betrieb nicht erfordert.

Sind Handelsgewerbe und gewerbliches Unternehmen das Gleiche?

Nein. Ein gewerbliches Unternehmen ist nur dann ein Handelsgewerbe, wenn es nach Art und Umfang einen in kaufmännischer Weise eingerichteten Geschäftsbetrieb erfordert.

Was ist ein Gewerbebetrieb i. S. v. § 1 Abs. 2 HGB?

Der Begriff ist weitgehend parallel zu § 15 Abs. 2 EStG zu verstehen. Ein Gewerbe ist eine

- nach außen erkennbare
- selbstständige
- planmäßige
- auf gewisse Dauer angelegte
- mit Gewinnerzielungsabsicht

ausgeübte Tätigkeit, die

- kein freier Beruf ist.

Muss man Handel treiben, um Handelsgewerbe zu sein?

Nein. Der Wortbestandteil ist aus früheren Gesetzesfassungen stehengeblieben und hat heute keine Bedeutung mehr. Grundsätzlich kommen alle gewerblichen Betätigungen als „Handelsgewerbe“ in Betracht. Ausgenommen sind allerdings Land- und Forstwirtschaft sowie die freien Berufe.

Wie stellt man fest, ob ein in kaufmännischer Weise eingerichteter Geschäftsbetrieb erforderlich ist?

Es kommt auf eine Gesamtschau der Verhältnisse an. Dabei sind Art und Umfang des Unternehmens zu berücksichtigen:

- Art
  - Betriebliche Organisation
  - Umfang der Buch- und Kontenführung
  - Vielfalt des Geschäftsgegenstands
  - Komplexität der Geschäftsvorfälle
- Umfang
  - Höhe der Umsätze
  - Umfang des Betriebsvermögens
  - Anzahl der Beschäftigten
  - Anzahl und Größe der Betriebsstätten

Wer muss im Zweifelsfall beweisen, dass ein kaufmännisch eingerichteter Geschäftsbetrieb erforderlich ist?

Lesen Sie § 1 Abs. 2 HGB nochmals genau. Aus der Formulierung „es sei denn“ ergibt sich, dass der Gewerbetreibende im Zweifelfall beweisen muss, dass er keinen „kaufmännisch eingerichteten Geschäftsbetrieb unterhält“ (er also kein Kaufmann ist).

Warum sind Betriebe, die keinen kaufmännisch eingerichteten Geschäftsbetrieb unterhalten, aus dem Kaufmannsbegriff ausgenommen?

Bei Klein- und Kleinstbetrieben (z. B. Kiosk) will der Gesetzgeber die zahlreichen Verschärfungen für Kaufleute nicht anwenden.

Fall: Die Drücker KG beschäftigt zahlreiche Außendienstverkäufer, u. a. den A. In seinem Vertrag wird er als selbstständig Gewerbetreibender bezeichnet. Allerdings gibt die Drücker KG ihm seine tägliche Fahrtroute, Kundenlisten, Verkaufspreise und zahlreiche weitere Details seiner Tätigkeit vor. Im Ergebnis hat er keinen eigenen Spielraum. Kann A Kaufmann i. S. v. § 1 Abs. 1 HGB sein?

Zunächst ist Voraussetzung, dass A ein Gewerbe betreibt. Ein Gewerbe ist eine Tätigkeit, die selbstständig, auf Dauer angelegt und planmäßig betrieben wird und nach außen erkennbar ist. Hier ist fraglich, ob A selbstständig tätig ist. Das Merkmal dient zur Abgrenzung von gewerblicher Tätigkeit und der Tätigkeit als Arbeitnehmer. Als Abgrenzung wird i. d. R. § 84 Abs. 1 Satz 2 HGB herangezogen. Selbstständig ist danach, wer im Wesentlichen frei seine Tätigkeit gestalten und seine Arbeitszeit bestimmen kann. Dies ist bei A nicht der Fall. Er kann kein Kaufmann sein, weil er kein Gewerbe ausübt.

Fall: B hat hinter dem Haus einen kleinen Kartoffelacker. Weil 2019 die Ernte besonders reichhaltig ausgefallen ist, stellt er sich an drei Tagen mit einem kleinen Stand vor sein Haus und verkauft Kartoffeln. Ist er Kaufmann?

Dazu muss er zunächst ein Gewerbe betreiben. Dies setzt u. a. eine dauerhafte Tätigkeit voraus. Die einmalige Verkaufsaktion des B ist nicht ausreichend.

Ist die Gewinnerzielungsabsicht zwingende Voraussetzung eines Gewerbes?

Die Rechtsprechung hält zwar an dem Erfordernis fest; in jüngerer Zeit wird jedoch vermehrt auf das Merkmal der entgeltlichen Leistungserbringung am Markt abgestellt. Auch gemeinnützige Organisationen, die nur kostendeckend arbeiten, können daher Kaufleute sein.

Welche Berufe sind von der Kaufmannseigenschaft ausgenommen?

Freiberufler betreiben kein Gewerbe und können daher keine Kaufleute sein. Teilweise gibt es eine spezielle gesetzliche Anordnung (z. B. § 2 BRAO: „Der Rechtsanwalt übt einen freien Beruf aus“), teilweise ist die Abgrenzung (auch) historisch begründet. Dazu zählen i. d. R. Tätigkeiten im Bereich von

- Wissenschaft,
- Kunst,
- Medizin,
- Lehrtätigkeit,
- Rechtsberatung (Rechtsanwälte, Steuerberater, Wirtschaftsprüfer).

Muss man sich in das Handelsregister eintragen, wenn man Ist-Kaufmann ist?

Die Eintragung ist das Handelsregister hat zwar lediglich klarstellende Bedeutung, gleichwohl ist sie nach § 29 HGB verpflichtend.

Ist ein landwirtschaftlicher Großbetrieb mit 100 Mitarbeitern und erheblichem Betriebsvermögen Kaufmann?

Nein. Nach § 3 Abs. 1 HGB gilt § 1 HGB nicht für land- und forstwirtschaftliche Betriebe. Landwirtschaft besteht in der Ausnutzung des Bodens mit dem Ziel der Erzeugung und Verwertung pflanzlicher oder tierischer Rohstoffe. Forstwirtschaft ist die Nutzung von Wäldern durch planmäßiges Auf- und Abforsten.

Die Ausnahme hat einen historischen Hintergrund. Land- und forstwirtschaftliche Betriebe können sich unter den Voraussetzungen des § 3 HGB dem Handelsrecht unterstellen.

Ist der Gesellschafter einer OHG Kaufmann?

Ja, denn er betreibt ein Handelsgewerbe.

Sind die Gesellschafter einer KG Kaufleute?

Der Komplementär (persönlich haftender Gesellschafter) einer KG ist wie der Gesellschafter einer OHG Kaufmann. Kommanditisten (auf die Einlage beschränkt haftender Gesellschafter der KG) sind jedoch nicht Kaufleute, weil die KG nicht auf seinen Namen geführt wird und er für die Verbindlichkeiten der Gesellschaft nur mit seiner Einlage haftet (§ 172 HGB).

Was ist ein Kann-Kaufmann?

Ein Kann-Kaufmann ist jemand, der die Voraussetzungen des Ist-Kaufmanns nicht erfüllt, z. B. weil der Gewerbebetrieb keinen in kaufmännischer Weise eingerichteten Geschäftsbetrieb erfordert. Durch die Eintragung in das Handelsregister wird diese Person Kaufmann. Die Eintragung hat dann konstitutive Wirkung.

Nennen Sie drei Fälle von Kann-Kaufleuten.

- Gewerbetreibender, der die Voraussetzungen des § 1 Abs. 2 HGB nicht erfüllt (Kleingewerbe), § 2 Satz 1 HGB
- Land- und forstwirtschaftliches Unternehmen, das nach kaufmännischer Weise eingerichteten Betrieb erfordert, § 3 Abs. 2 HGB
- OHG, die Kleingewerbe betreibt oder nur eigenes Vermögen verwaltet, § 105 Abs. 2 Satz 1 HGB

Was ist ein Kaufmann aufgrund Rechtsscheins („Scheinkaufmann“)?

Ein sog. Scheinkaufmann tritt in zwei Konstellationen auf:

- Scheinkaufmann kraft Eintragung (§ 5 HGB)
- Scheinkaufmann kraft tatsächlichen Verhaltens.

In beiden Fällen müssen sich die Betroffenen als Kaufleute behandeln lassen, obwohl sie es eigentlich nicht sind. Dies trägt dem Schutz des Rechtsverkehrs Rechnung.

Was ist ein Scheinkaufmann kraft Eintragung?

Nach § 5 HGB kann jemand, dessen Firma im Handelsregister eingetragen ist, sich nicht darauf berufen, er sei kein Kaufmann. Sinkt also beispielsweise ein Handelsgewerbe auf das Niveau eines Kleingewerbes herab, gilt das Gewerbe trotzdem weiter als Handelsgewerbe. Der Unternehmer kann nicht geltend machen, dass betreffende Gewerbe sei kein Handelsgewerbe.

Fall: U betreibt einen Metallwarenhandel. Das Unternehmen ist auf den Stand eines Kleingewerbes herabgesunken. Er hat fehlerhafte Ware eingekauft, jedoch eine unverzügliche Rüge unterlassen. Gilt die Ware gem. § 377 Abs. 2 HGB als genehmigt?

Ja. Zugunsten des Verkäufers gilt U weiter als Kaufmann. Es kommt nicht darauf an, ob dieser die tatsächliche Rechtslage kannte.

Fall: U betreibt einen Metallwarenhandel. Das Unternehmen ist auf den Stand eines Kleingewerbes herabgesunken. U liefert fehlerhafte Ware, jedoch unterlässt der kaufmännische Käufer eine Rüge. Gilt die Ware gem. § 377 Abs. 2 HGB als genehmigt?

Ja. § 5 HGB wirkt nicht nur zugunsten des Dritten, sondern auch zugunsten des Eingetragenen.

Was ist ein Scheinkaufmann nach Gewohnheitsrecht?

Ein nicht eingetragener Kleingewerbetreibender, der gegenüber anderen den Anschein erweckt, Kaufmann zu sein, muss sich nach gewohnheitsrechtlich anerkannten Grundsätzen als Kaufmann behandeln lassen. Der Dritte muss gutgläubig sein. Er kann wählen, ob er sich auf die tatsächliche oder die vermeintliche Rechtslage beruft. Er muss allerdings beweisen, dass der Rechtsschein ursächlich für sein Handeln war. Der Scheinkaufmann kann sich nicht zu seinen Gunsten auf die Kaufmannseigenschaft berufen.

Welche Wirkung hat die Handelsregistereintragung eines Kaufmanns?

	Ist-Kaufmann	Kann-Kaufmann	Formkaufmann
Registeranmeldung	verpflichtend	freiwillig	verpflichtend
Registereintragung	Deklaratorisch (Klarstellend)	Konstitutiv (rechtsbegründend)	Konstitutiv (rechtsbegründend)

Was ist das Handelsregister?

Das Handelsregister ist ein öffentlich-rechtliches Register, das Auskunft über Tatsachen und Rechtslagen im Handelsrecht gibt. Es wird elektronisch bei den Amtsgerichten geführt (§ 8 Abs. 1 HGB).

Wann wird eine Eintragung in das Handelsregister wirksam?

Eine Eintragung wird wirksam, wenn die Eintragung in dem für die Handelsregistereintragungen bestimmten Datenspeicher aufgenommen ist und auf Dauer inhaltlich unverändert in lesbarer Form wiedergegeben werden kann.

Wozu dient das Handelsregister?

Das Handelsregister hat zwei Schutzrichtungen. Es dient dem Schutz des Kaufmanns, der über das Handelsregister rechtlich bedeutsame Tatsachen mitteilen kann (z. B. Erlöschen der Prokura). Es dient auf der anderen Seite dem Schutz des Publikums. Dieses kann sich über den eingetragenen Betrieb informieren.

Wer kann das Handelsregister einsehen?

Nach § 9 Abs. 1 Satz 1 HGB ist die Einsichtnahme in das Handelsregister sowie in die zum Handelsregister eingereichte Dokumente zu Informationszwecken jedem gestattet. Es muss dazu kein besonderes Interesse nachgewiesen werden.

Kann jeder das Grundbuch einsehen?

Nein. Die Einsichtnahme in das Grundbuch setzt ein berechtigtes Interesse voraus (§ 12 GBO). Zur Überzeugung des Grundbuchamtes müssen sachliche Gründe vorliegen, die die Verfolgung unbefugter Zwecke oder bloßer Neugier ausschließen.

Wie kann die Einsichtnahme in das Handelsregister erfolgen?

Elektronisch bei dem Registergericht oder über das Portal www.handelsregister.de.

Was ist das Unternehmensregister?

Das Unternehmensregister wird vom Bundesjustizministerium geführt (§ 8b HGB). Es fasst eine Reihe unterschiedlicher Register zusammen. Im Unterschied zum Handelsregister entfaltet es keinen Vertrauensschutz.

Welche Register werden im Unternehmensregister zusammengefasst?

Über die Internetseite des Unternehmensregisters www.unternehmensregister.de sind insbesondere zugänglich (§ 8b Abs. 1 HGB):

- Eintragungen in das Handelsregister
- Eintragungen in das Genossenschaftsregister
- Eintragungen in das Partnerschaftsregister
- Veröffentlichte Jahresabschlüsse.

Was ist das Transparenzregister?

Das Transparenzregister ist in Umsetzung der 4. EU-Geldwäscherichtlinie eingeführt worden. Es handelt sich um ein Register, das die wirtschaftlich Berechtigten von Kapitalgesellschaften, Personengesellschaften und Stiftungen erfasst und zugänglich macht. Es soll Geldwäsche und Terrorismusfinanzierung verhindern.

Wie ist das Handelsregister aufgebaut?

Nach § 3 Handelsregisterverordnung (HRV) gibt es zwei Abteilungen (A und B). Diese trennen zwischen Kapitalgesellschaften (B) und anderen Kaufleuten (A).

- **Abteilung A**
  - Einzelkaufleute
  - OHG
  - KG
  - Sonstige juristische Personen i. S. v. § 33 HRV (z. B. Stiftungen)
- **Abteilung B**
  - AG
  - SE
  - KGaA
  - GmbH

Welche Tatsachen können in das Handelsregister eingetragen werden?

- **Eintragungspflichtige Tatsachen:** In welchen Fällen eine Eintragungspflicht besteht, lässt sich unmittelbar aus dem Gesetz entnehmen (z. B. §§ 29, 31, 106 HGB).
- **Eintragungsfähige Tatsachen mit gesetzlicher Grundlage:** In welchen Fällen eine Eintragung zwar möglich, aber nicht vorgeschrieben ist, kann man ebenfalls dem Gesetz entnehmen (z. B. §§ 2, 3, 25 Abs. 2 HGB).
- **Eintragungsfähig ohne gesetzliche Grundlage:** Tatsachen, die nicht gesetzlich zur Eintragung vorgesehen sind, können grds. nicht eingetragen werden. Hiervon gibt es jedoch stellenweise Ausnahmen (z. B. Befreiung von § 181 BGB des GmbH-Geschäftsführers).

Wo ist genau geregelt, welche Tatsachen einzutragen sind?

Welche Tatsachen in das Handelsregister einzutragen sind, bestimmen HGB oder andere Gesetze an der jeweils maßgeblichen Stelle.

Beispiele:

- Nach § 53 HGB ist die Erteilung und das Erlöschen der Prokura in das Handelsregister einzutragen.
- Nach § 32 HGB i. V. m. § 31 InsO muss die Eröffnung eines Insolvenzverfahrens in das Handelsregister eingetragen werden.

Welche Wirkungen kann die Eintragung in das Handelsregister haben?

- **Rechtsbegründende Wirkung (konstitutiv):** Die Rechtswirkung tritt aufgrund der Eintragung ein, z. B. Entstehung einer juristischen Person (§ 11 GmbHG) oder die Kaufmannseigenschaft eines Kann-Kaufmanns (§§ 2, 3 HGB).
- **Klarstellende Wirkung (deklaratorisch):** Die Rechtswirkung ist vorher aufgrund der Erfüllung eines gesetzlichen Tatbestands entstanden. Sie wird durch die Eintragung nur bestätigt bzw. klargestellt, z. B. Eintragung eines Ist-Kaufmanns in das Handelsregister (§ 1 HGB).

Fall: Kaufmann K erteilt seinem Mitarbeiter P Prokura, versäumt jedoch die Anmeldung dieser zum Handelsregister. P schließt daraufhin einen Kaufvertrag, den K nicht erfüllen möchte. Ist K gebunden?

Die Prokura ermächtigt nach §§ 49, 50 HGB zu allen Arten von Rechtsgeschäften. Beschränkungen sind im Außenverhältnis grds. nicht wirksam. Voraussetzung ist, dass Prokura erteilt wurde. Die Eintragung wirkt nicht rechtsbegründend, sondern nur klarstellend. K muss sich also an dem Vertrag festhalten lassen.

Auf wessen Initiative erfolgt die Handelsregisteranmeldung?

Die Eintragung in das Handelsregister setzt grds. die Anmeldung durch den Anmeldepflichtigen voraus (§§ 2, 3, 29, 31 HGB). Bei Nichterfüllung einer Pflicht zur Anmeldung wird der Pflichtige durch das Registergericht dazu durch Verhängung eines Zwangsgeldes angehalten (§ 14 HGB).

Wie erfolgt die Handelsregisteranmeldung?

Die Anmeldung erfolgt elektronisch in öffentlich beglaubigter Form (§ 12 HGB, § 129 BGB). Die Erklärung wird schriftlich abgefasst, dabei ist die Unterschrift des Erklärenden von einem Notar zu beglaubigen. Dieser meldet dann die Tatsache i. d. R. an. Nur in Ausnahmefällen wird das Registergericht von Amts wegen tätig (§ 31 Abs. 2 HGB).

Was bedeutet Publizität des Handelsregisters?

§ 15 HGB regelt die sog. Publizität des Handelsregisters. Sie schützt das Vertrauen auf Handelsregistereintragungen. Darum legt sie die rechtlichen Folgen unrichtiger Eintragungen in das Handelsregister oder unterlassener gebotener Eintragungen in das Handelsregister im Zweifel zugunsten des Rechtsverkehrs fest. Dadurch wird dem öffentlichen Glauben des Handelsregisters besondere Wirkung verliehen.

Welche Fälle regelt § 15 HGB?

Norm	Tatbestand	Rechtsfolge
§ 15 Abs. 1 HGB (negative Publizität)	Eine eintragungspflichtige Tatsache wurde nicht eingetragen.	Der Eintragungspflichtige kann die Tatsache Dritten nicht entgegensetzen, falls sie diese nicht positiv kannten.
§ 15 Abs. 2 HGB (positive Publizität)	Tatsache wurde (richtig) in das Handelsregister eingetragen und bekannt gemacht.	Der Dritte muss diese Tatsache gegen sich gelten lassen, falls die betreffende Rechtshandlung nicht innerhalb von fünfzehn Tagen vorgenommen wurde und der Dritte beweist, dass er die Tatsache kannte.
§ 15 Abs. 3 HGB (positive Publizität)	Einzutragende Tatsache wurde falsch eingetragen.	Dritter kann sich auf die Eintragung berufen, falls er nicht die Unrichtigkeit kannte oder kennen musste.

Fall: Prokurist P verkauft einen größeren Posten an Waren, obwohl ihm die Prokura entzogen wurde, was jedoch nicht in das Handelsregister eingetragen wurde. Muss Kaufmann K das Geschäft gegen sich gelten lassen?

Ja. Nach § 53 HGB muss die Entziehung der Prokura in das Handelsregister eingetragen werden. Da dies nicht geschehen ist, kann sich der Dritte auf das Schweigen des Handelsregisters (negative Publizität) verlassen und der Kaufvertrag gilt. Weiß der Dritte hingegen, dass K dem P die Prokura entzogen hat, gilt dies nicht.

Fall: Prokurist P verkauft Waren, obwohl ihm die Prokura entzogen wurde und die Entziehung in das Handelsregister eingetragen wurde. Der Verkauf fand am Donnerstag statt, die Bekanntmachung der Eintragung erfolgte am vorhergehenden Dienstag. Muss Kaufmann K das Geschäft gegen sich gelten lassen?

Grundsätzlich muss K eingetragene und bekannt gemachte Tatsachen (Entzug der Prokura) gegen sich gelten lassen. Dies gilt jedoch nicht, wenn das betreffende Geschäft innerhalb eines Zeitraums von 15 Tagen nach der Bekanntmachung erfolgte und der Dritte die Tatsache nicht kannte oder kennen musste (d. h. grob fahrlässig nicht von der Tatsache Kenntnis genommen hat).

Fall: Kaufmann K hat P Prokura erteilt. Durch einen Fehler beim Handelsregister ist jedoch eingetragen worden, dass K dem Q Prokura erteilt hat. Muss K dies gegen sich gelten lassen?

Da K die Eintragung veranlasst hat, muss er die falsche Eintragung gegen sich gelten lassen. Allerdings kann er das Gericht unter den Voraussetzungen des Art. 34 GG, § 839 BGB für Schäden nach den Regeln des Amtshaftungsrechts in Anspruch nehmen.

Was ist die Firma eines Kaufmanns?

Mit Firma des Kaufmanns ist nicht das Unternehmen als solches gemeint. Firma ist nach § 17 Abs. 1 HGB der Name, unter dem der Kaufmann seine Geschäfte betreibt.

Welche verschiedenen Firmen sind zulässig?

- **Sachfirma** (Beispiel: Bonner Fahnenfabrik)
- **Personalfirma** (Beispiel: Klaus Meyer)
- **Fantasiefirma** (Beispiel: Sunny Boy)
- **Mischformen** (Schuhfabrik Schuster)

Was besagen die Grundsätze der Firmenklarheit und der Firmenwahrheit?

- Grundsatz der Firmenklarheit (§ 18 Abs. 1 HGB): Die Firma muss zur Kennzeichnung des Kaufmanns geeignet sein und Unterscheidungskraft besitzen.
- Grundsatz der Firmenwahrheit (§ 18 Abs. 2 HGB): Die Firma darf keine Angaben enthalten, die geeignet sind, über geschäftliche Verhältnisse irrezuführen.

Können auch Nichtkaufleute eine Firma haben?

Nein, § 17 HGB gilt nur für Kaufleute. Nichtkaufleute können jedoch eine Geschäftsbezeichnung haben. Diese unterscheidet sich von der Firma eines Kaufmanns nur durch die fehlende Rechtsformbezeichnung (§ 19 Abs. 1 HGB).

Was muss die Firma eines Kaufmanns zwingend enthalten?

Gemäß § 19 Abs. 1 HGB muss die Firma zwingend einen Rechtsformzusatz enthalten, z. B.

- e.K. für eingetragener Kaufmann
- OHG für Offene Handelsgesellschaft
- KG für Kommanditgesellschaft
- AG für Aktiengesellschaft (§ 4 AktG)
- GmbH für Gesellschaft mit beschränkter Haftung (§ 4 GmbHG).

Was besagt der Grundsatz der Firmenunterscheidbarkeit?

Die Firma muss zur Kennzeichnung des Kaufmanns geeignet sein und Unterscheidungskraft besitzen (§ 18 Abs. 1 HGB). Jede neue Firma muss sich daher von allen an demselben Ort oder in derselben Gemeine bereits bestehenden und in das Handelsregister eingetragen Firmen deutlich unterscheiden (§ 30 Abs. 1 HGB).

Nennen Sie Beispiele für Fälle von Verstößen gegen das Gebot der Firmenwahrheit (§ 18 Abs. 1 HGB)?

- „Schuhfabrik“ bei kleinem Schuhmacherbetrieb
- „Hamburger Buch-Börse“ bei Geschäft in München
- „Handel für Südfrüchte“ wenn nur Kartoffeln verkauft werden

Was besagt der Grundsatz der Firmenöffentlichkeit (§§ 29 – 34 HGB)?

Nach dem Grundsatz der Firmenöffentlichkeit hat jeder Kaufmann seine Firma und den Ort seiner Niederlassung bei dem zuständigen Gericht zur Eintragung in das Handelsregister anzumelden.

Was besagt das Prinzip der Firmenbeständigkeit?

Wenn ein Unternehmen von einem Kaufmann auf einen anderen Kaufmann übergeht, kann ein Interesse an der Fortführung der Firma bestehen. Immerhin ist diese den Kunden bekannt. §§ 21 ff. HGB sehen entsprechende Regelungen (inkl. Haftungsfolgen) vor.

Wie wird die Firma eines Kaufmanns rechtlich geschützt?

Das Firmenrecht verleiht dem Kaufmann einen subjektiven Anspruch darauf, seine Firma ungestört zu führen und andere davon auszuschließen. Das Registergericht hält bei unrechtmäßigem Gebrauch zur Unterlassung an (§ 37 Abs. 1 HGB). Parallel hat der Kaufmann einen Unterlassungsanspruch gegenüber demjenigen, der die Firma unbefugt gebraucht (§ 37 Abs. 2 HGB).

Welche Angaben muss ein Kaufmann auf seinen Geschäftsbriefen mindestens machen?

Ein Einzelkaufmann muss gem. § 37a HGB folgende Angaben machen:

- Firma mit Rechtsformzusatz
- Ort der Handelsniederlassung
- Angabe des Registergerichts
- Angabe der Handelsregisternummer.

Für Personenhandelsgesellschaften (§§ 125a, 177a HGB), Aktiengesellschaften (§ 80 AktG) und Gesellschaften mit beschränkter Haftung (§ 35a GmbHG) gelten entsprechende Bestimmungen.

Was ist mit Unternehmen gemeint?

Handelsrechtlich spielt nicht nur der Kaufmann als Betreiber eines Unternehmens eine Rolle, sondern auch das Unternehmen selbst. § 22 HGB spricht von „Handelsgeschäft". Es ist als wirtschaftliche Einheit der Inbegriff von Vermögensgegenständen zum Auftreten am Markt.

Das Unternehmen muss dabei vom Unternehmensträger unterschieden werden. Dies kann ein Einzelkaufmann, eine Personen- oder eine Kapitalgesellschaft sein.

Aus welchen beiden Bestandteilen besteht ein Geschäft zum Erwerb eines Unternehmens?

Der Erwerb eines Handelsgeschäfts besteht aus zwei Geschäften, dem Verpflichtungs- und dem Verfügungsgeschäft.

Im Rahmen des Verpflichtungsgeschäfts (i. d. R. Kaufvertrag) verpflichtet sich der bisherige Inhaber, das Unternehmen dinglich im Rahmen des Verfügungsgeschäfts zu übertragen (Übereignung, Abtretung bei Gesellschaftsanteilen).

Welche beiden Arten von Unternehmenskäufen gibt es?

- **Asset Deal:** Das ganze Unternehmen (d. h. alle Wirtschaftsgüter) werden verkauft; Vertragsbeziehungen müssen ggf. auf den neuen Eigentümer übertragen werden.
- **Share Deal:** Die Gesellschaftsanteile an dem Unternehmensträger werden verkauft (Personen- oder Kapitalgesellschaft).

Haftet der bisherige Unternehmensinhaber, wenn er sein Unternehmen im Rahmen eines Asset Deals verkauft, auch weiterhin für in seiner Zeit entstandene Verbindlichkeiten?

Der frühere Inhaber wird grds. aus der Haftung nicht entlassen. Seine Haftung tritt neben die des Erwerbers. Die Haftung ist jedoch zeitlich beschränkt, wenn neben dem früheren Inhaber auch der Erwerber haftet. Der frühere Inhaber haftet nur, soweit die Ansprüche innerhalb von fünf Jahren nach Begründung der Haftung des Erwerbers fällig werden (§ 26 HGB).

Haftet der Erwerber eines Handelsgeschäfts für vor seinem Erwerb begründete Verpflichtungen, wenn er die Firma fortführt?

Führt der Erwerber die Firma fort, haftet er grds. für Altschulden (§ 25 Abs. 1 Satz 1 HGB: Gesetzlicher Schuldbeitritt). Allerdings können Erwerber und Veräußerer gemeinschaftlich diese Haftung ausschließen, indem sie eine entsprechende Vereinbarung treffen. Wenn sie diese in das Handelsregister eintragen, gilt sie gegenüber allen Gläubigern. Wenn sie die Vereinbarung nur manchen Gläubigern mitteilen, gilt sie nur gegenüber diesen (§ 25 Abs. 2 HGB).

Haftet der Erwerber eines Handelsgeschäfts für vor seinem Erwerb begründete Verpflichtungen, wenn er die Firma <u>nicht</u> fortführt?

Wer ein unter Lebenden erworbenes Handelsgeschäft unter der bisherigen Firma fortführt, haftet für alle im Betrieb des Geschäfts begründeten Verbindlichkeiten des früheren Erwerbers (§ 25 Abs. 1 Satz 1 HGB). Eine entgegenstehende Vereinbarung ist gegenüber Dritten nur wirksam, wenn die Vereinbarung in das Handelsregister eingetragen wurde. Wird die Firma nicht fortgeführt, kann sich eine Haftung nur aus einem besonderen Verpflichtungsgrund ergeben (§ 25 Abs. 3 HGB). Es kommt insb. die Vereinbarung einer Schuldübernahme (§§ 414 ff. BGB) oder eines Schuldbeitritts (§ 311 Abs. 1 BGB) in Betracht.

Wenn Arbeitsverhältnisse bestehen, kann unabhängig von der Fortführung der Firma ein Betriebsübergang vorliegen (§ 613a HGB).

Haftet jemand, der in das Unternehmen eines Einzelkaufmanns eintritt?

Bei dem Eintritt entsteht in der Regel eine OHG. Wird die Gesellschaft in eine KG umgewandelt, tritt eine Begrenzung der Nachhaltung gem. § 28 Abs. 3 HGB ein.

Der neue Gesellschafter (der Eintretende) haftet gem. § 128 HGB für die bisherigen Schulden des Einzelkaufmanns mit.

Kann sich der Kaufmann von anderen Personen vertreten lassen?

Ja. Der Kaufmann kann sich wie jede andere Person nach den allgemeinen Regelungen des BGB (§§ 164 ff. BGB) vertreten lassen. Diese Vorschriften werden jedoch teilweise durch handelsrechtliche Sonderregelungen (z. B. Prokura) überlagert.

Welche handelsrechtlichen Sonderinstitute der Vertretung gibt es im Handelsrecht?

Neben der „normalen" rechtsgeschäftlichen Vertretungsmacht gibt es

- Prokura (§§ 48 ff. BGB)
- Handlungsvollmacht (§ 54 HGB)
- Handlungsvollmacht von Ladenangestellten (§ 56 HGB).

Was sind die Besonderheiten der handelsrechtlichen Vollmachten?

Der Umfang der Vertretungsmacht ist gesetzlich festgeschrieben. Er kann gegenüber Dritten i. d. R. nicht beschränkt werden. Dies erleichtert den Rechtsverkehr zwischen Kaufleuten. Im Einzelfall muss nicht geprüft werden, welcher Vertreter was darf.

Was bedeutet Prokura?

Die Prokura ist eine besondere handelsrechtliche Vollmacht, die nur vom Kaufmann oder seinem gesetzlichen Vertreter (z. B. Geschäftsführer einer GmbH) erteilt werden kann. Ihr Umfang ist gesetzlich festgelegt (standardisiert) und kann gegenüber Dritten nicht beschränkt werden (§§ 48, 50 Abs. 1 HGB). Ein Prokurist ist ein kaufmännischer Angestellter, dessen Rechtsmacht typisiert ist. Prokura kann nur einer natürlichen Person erteilt werden.

Wie wird die Prokura erteilt?

Die Prokura wird von dem Kaufmann (z. B. Einzelkaufmann, OHG, KG, Kapitalgesellschaft) oder seinem Vertreter (z. B. bei Gesellschaften) durch Erklärung gegenüber dem Prokuristen erteilt. Die Eintragung in das Handelsregister hat nur klarstellende Wirkung.

Die Prokura kann nur ausdrücklich erteilt werden. Eine stillschweigende Erteilung ist nicht möglich.

Wie zeichnet ein Prokurist?

„ppa“ oder „pp.“, dies bedeutet „per procua“.

Fall: Kaufmann K hat seinem Mitarbeiter M keine Prokura erteilt. Dennoch tritt M gegenüber dem Dritten D als Prokurist auf. K weiß dies und tut nichts dagegen. Wird K gegenüber D verpflichtet?

Ja. Es gibt zwar keine der Duldungsvollmacht entsprechende „Duldungsprokura", D ist nach Rechtsscheinprinzipien jedoch so zu stellen, als sei M Prokura erteilt worden.

Welche Arten von Prokura gibt es?

- Einzelprokura
- Gesamtprokura
- Generalprokura
- Filial- oder Zweigniederlassungsprokura
- Sog. Immobiliarprokura

Was bedeutet Einzelprokura?

Es handelt sich um eine umfassende Bevollmächtigung eines kaufmännischen Angestellten. Ein Einzelprokurist kann alle Rechtsgeschäfte vornehmen, die der Betrieb eines jeden Handelsgeschäfts mit sich bringt. Eine Ausnahme gilt nur für Grundstücksgeschäfte (§ 49 Abs. 2 HGB).

Was bedeutet Gesamtprokura?

Die Einzelprokura ist für den Kaufmann gefährlich, weil er weitreichend verpflichtet werden kann. Durch die Gesamtprokura kann er ein „Vier-Augen-Prinzip" einführen. § 48 Abs. 2 HGB ermöglicht es, die Prokura mehreren Personen gemeinschaftlich zu erteilen. Für einen Vertragsschluss ist dann die Beteiligung aller Gesamtprokuristen erforderlich. Sie ist als solche in das Handelsregister einzutragen (§ 53 Abs. 2 Satz 2 HGB).

Was ist eine Filial- oder Zweigniederlassungsprokura?

Der Umfang einer Prokura kann auf einzelne Niederlassungen des Kaufmanns beschränkt werden, wenn die Niederlassungen unter verschiedenen Firmen betrieben werden (§ 50 Abs. 3 Satz 1 HGB). Die Verschiedenheit der Firma kann sich auch aus einem Zusatz ergeben, dass es sich um eine Zweigniederlassung handelt.

Was bedeutet Generalprokura?

Es handelt sich um eine Einzel- oder Gesamtprokura, die für die Hauptniederlassung des Kaufmanns und für sämtliche Zweigniederlassungen gilt.

Was ist eine Immobiliarprokura?

Normalerweise umfasst die Prokura nicht die Befugnis, Grundstücke zu veräußern oder zu belasten. Davon abweichend kann durch eine Immobiliarprokura solche Befugnis erteilt werden (§ 49 Abs. 2 HGB).

Welchen Umfang hat die Prokura?

Nach § 49 Abs. 1 HGB ermächtigt die Prokura „zu allen Arten von gerichtlichen und außergerichtlichen Geschäften und Rechtshandlungen, die der Betrieb eines Handelsgewerbes mit sich bringt".

Ist die Reichweite der Prokura durch den Zuschnitt des konkreten Handelsgeschäfts begrenzt?

Nein. Der Prokurist kann auch ungewöhnliche Geschäfte tätigen, die außerhalb des normalen Geschäftsgangs liegen.

Umfasst die Prokura auch Grundlagengeschäfte?

Nein. Besonders weitreichende Geschäfte bleiben dem Kaufmann vorbehalten. Grundlagengeschäfte sind beispielsweise die Einstellung oder Veräußerung des Betriebs, die Aufnahme von Gesellschaftern und die Änderung des Gesellschaftsvertrags.

Fall: Während einer längeren schweren Krankheit des Kaufmanns K hat der Prokurist P den Firmensitz in den Nachbarort verlegt und Waren eingekauft, die K nicht verkaufen will. Ist K durch P wirksam vertreten worden?

Der Betrieb eines Handelsgeschäfts kann die Verlegung des Firmensitzes mit sich bringen. Umstritten ist jedoch, ob es sich um ein Grundlagengeschäft handelt. Maßgeblich sind die Umstände des Einzelfalls. In Bezug auf die Wareneinkäufe lag eine wirksame Vertretung vor.

Welche Rechtsverhältnisse sind im Rahmen der Stellvertretung zu unterscheiden?

- **Innenverhältnis:** Das sogenannte Innenverhältnis betrifft das Verhältnis zwischen Vertretenem und dem Vertreter. Im Rahmen der Stellvertretung nach Maßgabe der §§ 164 ff. BGB liegt zwischen diesen Personen meist ein Auftragsverhältnis vor. Im Rahmen dieses Innenverhältnisses wird auch bestimmt, wie weit die Vertretungsmacht reicht (§ 164 Abs. 1 Satz 1 BGB: „[I]nnerhalb der ihm zustehenden Vertretungsmacht"). Das Innenverhältnis beschreibt das rechtliche Können des Vertreters.
- **Außenverhältnis:** Das Außenverhältnis betrifft das Verhältnis zwischen Vertreter und Vertragspartner. Handelt der Stellvertreter innerhalb seiner Vertretungsmacht, verpflichtet er den Vertretenen gegenüber dem Dritten. Überschreitet er seine Vertretungsmacht, haftet der Vertreter dafür grundsätzlich gegenüber dem Dritten (§§ 177, 179 BGB).

Was ist die Besonderheit des Außenverhältnisses bei der Prokura?

Während das Außenverhältnis (rechtliches Können) in „normalen“ Stellvertretungsfällen (§§ 164 ff. BGB) dem Innenverhältnis folgt (rechtliches Dürfen), ist das rechtliche Können (Außenverhältnis) bei der Prokura gesetzlich festgelegt. Im Innenverhältnis kann die Prokura zwar eingeschränkt sein; jedoch hat dies für das Außenverhältnis keine Bedeutung (§ 50 Abs. 1 HGB). Die Prokura hat immer den in § 49 Abs. 1 HGB festgelegten Umfang.

Fall: V ist der Stellvertreter des G. G beauftragt V, eine bestimmte Maschine bei D einzukaufen. V findet die Maschine unpraktisch und kauft daher eine andere Maschine. Ist G aus dem Vertrag verpflichtet, wenn V (1) nicht Prokurist und (2) Prokurist ist?

- **(1):** G wird nicht verpflichtet, denn V hat seine Vertretungsmacht überschritten. G kann entscheiden, ob er den Vertrag genehmigt (§ 177 Abs. 1 BGB). Tut er dies, wird der Vertrag wirksam. Tut er dies nicht, haftet V gem. § 179 BGB nach Wahl des D auf Erfüllung oder Schadensersatz.
- **(2):** Die Beschränkung im Innenverhältnis hat gegenüber D keine Wirkung (§ 50 Abs. 1 HGB). Der Vertrag kommt mit Wirkung für und gegen G zustande. Allerdings macht sich V im Innenverhältnis gegenüber G u. U. schadensersatzpflichtig.

Was ist der Grund für die Unbeschränkbarkeit der Prokura im Außenverhältnis?

nwb

Aus Gründen der Rechtssicherheit sollen Geschäftspartner des Kaufmanns Klarheit darüber haben, was ein Prokurist darf. Die Vertretungsmacht ist in §§ 48 ff. HGB klar festgelegt.

Wann erlischt eine Prokura?

- Widerruf
- Tod des Prokuristen
- Ende des Anstellungsverhältnisses (§ 168 BGB)
- Veräußerung oder Einstellung des Handelsgeschäfts
- Verlust der Kaufmannseigenschaft
- Insolvenz des Kaufmanns
- Auflösung der Handelsgesellschaft

Hat das sog. Grundverhältnis Auswirkungen auf die Prokura?

Das sog. Grundverhältnis beschreibt die schuldrechtliche Beziehung zwischen Kaufmann und Prokuristen. Dies wird typischerweise ein Arbeitsvertrag sein. Die Prokura erlischt, wenn das Grundverhältnis erlischt (§ 168 BGB). Jedoch kann die Prokura jederzeit widerrufen werden, auch wenn das Grundverhältnis fortbesteht. Das Erlöschen der Prokura kann jedoch Dritten nur entgegengesetzt werden, wenn dies in das Handelsregister eingetragen ist (§§ 53 Abs. 3, 15 Abs. 1 HGB).

Was ist eine Handlungsvollmacht?

Der Inhaber kann Personen auch bevollmächtigen, ohne sie zu Prokuristen zu machen. Jede Vollmacht, die im Rahmen eines Handelsgewerbes erteilt wird, ist eine solche Handlungsvollmacht.

Gibt es einen gesetzlichen Umfang der Handlungsvollmacht?

Nein, die Vollmacht hat grds. die Reichweite, die der Vollmachtgeber bestimmt. Es gibt allerdings insofern einen Gutglaubensschutz, als dass Dritte Beschränkungen der Handlungsvollmacht nur gegen sich gelten lassen müssen, wenn sie diese kannten (§ 54 Abs. 3 HGB). Dies gilt nicht für folgende Geschäfte (§ 54 Abs. 3 HGB):

- Veräußerung und Belastung von Grundstücken
- Eingehung von Wechselverbindlichkeiten
- Aufnahme von Darlehen
- Prozessführung

Fall: Kaufmann K hat dem Angestellten A eine Vollmacht im Rahmen seines Handelsgeschäfts erteilt. Es ist im Innenverhältnis jedoch vereinbart, dass A keine Geschäfte über 50.000 € abschließt.

- A gibt bei D eine Bestellung über 60.000 € auf; D kannte die Beschränkung nicht.
- A gibt bei E eine Bestellung über 60.000 € auf; E kannte die Beschränkung.
- A kauft bei F ein Grundstück für 30.000 €.

D kann auf die Erfüllung des Vertrags bestehen, denn die Beschränkung im Innenverhältnis kann ihm mangels Kenntnis nicht entgegengesetzt werden. E hingegen kannte die Beschränkung, sodass kein Vertrag mit K zustande kommt. Da A für Grundstücksgeschäfte keine besondere Befugnis erteilt wurde, kann er für K mit F auch keinen Vertrag über Grundstücke schließen.

Welche Arten von Handlungsvollmachten gibt es?

Einen gesetzlich festgelegten Katalog für Handlungsvollmachten gibt es nicht. In der Praxis haben sich jedoch folgende Arten herausgebildet:

- **Generalhandlungsvollmacht:** Sie erfasst Geschäfte im Bereich des betreffenden Handelsgewerbes.
- **Arthandlungsvollmacht:** Sie erfasst bestimmte Arten von Geschäften (z. B. Einkauf in einer bestimmten Produktgruppe).
- **Spezialhandlungsvollmacht:** Sie bezieht sich auf einzelne, konkret festgelegte Geschäfte (z. B. Einkauf eines bestimmten Produkts bei einem bestimmten Anbieter).

Wie wird die Handlungsvollmacht erteilt?

Die Handlungsvollmacht kann von dem Inhaber des Handelsgeschäfts bzw. den Organen formlos oder auch konkludent erteilt werden (§ 167 BGB). Sie erlischt nach den allgemeinen Grundsätzen.

Kann die Handlungsvollmacht in das Handelsregister eingetragen werden?

Nein, die Handlungsvollmacht kann nicht in das Handelsregister eingetragen werden.

Was ist ein Handelsgeschäft?

Ein Handelsgeschäft ist ein Geschäft eines Kaufmanns, das zum Betrieb seines Handelsgewerbes gehört (§ 343 HGB). Der Begriff „Geschäft" ist dabei weit zu verstehen. Er erfasst nicht nur Rechtsgeschäfte, sondern auch rechtsgeschäftsähnliche Handlungen (z. B. Mahnungen) und Realakte, die vom Handelnden gewollt sind (z. B. Verarbeitung).

Wie stellt man fest, ob ein Geschäft „zum Betrieb eines Handelsgewerbes“ gehört?

§ 344 HGB enthält zwei Vermutungen, die der Kaufmann allerdings widerlegen kann:

- **Abs. 1:** Die vom Kaufmann vorgenommenen Rechtsgeschäfte gelten im Zweifel als zum Betrieb des Handelsgeschäfts gehörend.
- **Abs. 2:** Die vom Kaufmann gezeichneten Schuldscheine gelten als im Betrieb des Handelsgeschäfts gezeichnet, falls sich nicht aus der Urkunde etwas anderes ergibt.

Welche Arten von Handelsgeschäften gibt es?

- **Einseitiges Handelsgeschäft:** Das Geschäft ist nur für einen Vertragspartner ein Handelsgeschäft.
- **Zweiseitiges Handelsgeschäft:** Das Geschäft ist für beide Seiten ein Handelsgeschäft.

Wozu ist es wichtig, ob ein Geschäft ein Handelsgeschäft ist?

Für Handelsgeschäfte gelten besondere Regelungen. Die allgemeinen Bestimmungen des BGB werden für Handelsgeschäfte modifiziert. In der Regel ist es ausreichend, wenn das Geschäft für eine Seite ein Handelsgeschäft ist. Dann gelten die Bestimmungen über Handelsgeschäfte für beide Teile (§ 345 HGB). Im Ausnahmefall gelten die besonderen Regelungen nur, wenn das Geschäft für beide Teile ein Handelsgeschäft ist (z. B. § 377 HGB). Teilweise kommt es darauf an, dass eine bestimmte Seite Kaufmann ist (z. B. § 350 HGB).

Wie kommen Verträge zustande?

Verträge kommen grds. durch die Abgabe von zwei aufeinander bezogene Willenserklärungen (Angebot und Annahme) zustande (§§ 145 ff. BGB). Schweigen ist grds. keine Willenserklärung. Dies gilt auch im Handelsrecht. Es gibt zwei Ausnahmen:

- Schweigen auf ein Angebot zur Geschäftsbesorgung (§ 362 HGB)
- Schweigen auf ein kaufmännisches Bestätigungsschreiben

Was ist ein kaufmännisches Bestätigungsschreiben?

Im Handelsrecht gilt der gewohnheitsrechtliche Grundsatz, dass Schweigen auf ein kaufmännisches Bestätigungsschreiben als Zustimmung zum Inhalt des Schreibens gilt. Dies ist ein Schreiben, das die Bedingungen eines eigentlich bereits ausgehandelten Vertrags nochmals schriftlich fixiert. Wenn der Adressat diesem nicht widerspricht, gilt der Vertrag zu diesen Bestimmungen als geschlossen.

Was ist ein Handelskauf und welche Vorschriften gelten für diesen?

Ein Handelskauf ist ein Kaufvertrag über Waren oder Wertpapiere, der für mindestens eine Partei ein Handelsgeschäft ist. Für diesen gelten die allgemeinen Vorschriften des BGB. Diese werden stellenweise durch §§ 373 – 382 HGB modifiziert, um eine schnelle Abwicklung der Geschäfte zu erreichen.

Was ist die handelsrechtliche Rügeobliegenheit?

Wenn der Kauf für beide Seiten ein Handelsgeschäft ist, gilt die handelsrechtliche Rügeobliegenheit des § 377 HGB. Der Käufer muss danach die Ware unverzüglich nach der Ablieferung untersuchen und Mängel anzeigen. Tut er dies nicht, gilt die Ware als genehmigt (§ 377 Abs. 2 HGB). Die Vorschrift soll gewährleisten, dass der Verkäufer schnell weiß, ob die Lieferung als ordnungsgemäß gilt oder ob mit Ansprüchen des Käufers zu rechnen ist.

Welche Mängel kommen im Rahmen von § 377 HGB in Betracht?

- **Schlechtleistung:** Die gelieferte Ware hat seinen Sachmangel (ist z. B. defekt).
- **Falschlieferung:** Der Verkäufer hat eine andere Ware als bestellt geliefert.
- **Mengenfehler:** Der Verkäufer hat eine zu geringe Menge geliefert.

Was ist eine Rüge i. S. v. § 377 HGB?

Rüge meint die formlose Anzeige des Mangels durch den Käufer bei dem Verkäufer. Er muss den Mangel ausreichend substantiiert angeben, d. h. hinreichend genau beschreiben.

Was gilt, wenn sich der Mangel erst später zeigt?

Versteckte Mängel sind Mängel, die bei ordnungsgemäßer Untersuchung nicht zu erkennen waren. Die Rüge muss unverzüglich nach der Entdeckung gemacht werden. Anderenfalls gilt die Ware als genehmigt (§ 377 Abs. 3 HGB).